台球速成
（新编）

张宝荣　编著

人民体育出版社

图书在版编目(CIP)数据

台球速成(新编)/张宝荣编著.-2版.-北京：人民体育出版社，2004（2018.11.重印）
ISBN 978-7-5009-2570-5

Ⅰ.台… Ⅱ.张… Ⅲ.台球-基本知识 Ⅳ.G893

中国版本图书馆CIP数据核字(1999)第04597号

*

人民体育出版社出版发行
北京建宏印刷有限公司印刷
新 华 书 店 经 销

*

787×1092 32开本 9印张 178千字
2004年8月第2版 2018年11月第12次印刷
印数：27,631—28,630册

*

ISBN 978-7-5009-2570-5
定价：41.00元

社址：北京市东城区体育馆路8号（天坛公园东门）
电话：67151482（发行部） 邮编：100061
传真：67151483 邮购：67118491
网址：www.sportspublish.cn

（购买本社图书，如遇有缺损页可与邮购部联系）

简　介

原《台球速成》一书出版后,受到广大读者欢迎,一年后再次印刷,现在该书出版已经三年,作者对该书全面改写,增加了许多新的内容及数十幅插图,使内容进一步得到充实,以满足广大读者的需要。新增主要内容简介如下:

1. 球杆选择要考虑的多个因素与防止球杆变形的多种措施。

2. 如何确保瞄准的正确及自我检查的方法。

3. 快速掌握缩击、投掷效应的变异现象。

4. 击球杆法及搓球、跳球、弧线球等多种击球技法。

5. 主球45°方向走位的特定路线。

6. 解救障碍球的库边对称点、库边等分点、远点及梯形等多种算法。

7. 最近的台球球坛动态及比赛规则。

此书是研究了英国、美国、日本的台球名著,以及国内已经出版的台球书籍,参考了最新的国内外比赛,并结合作者本人的发明创新和实际经验,历经三年多的时间,精心编写的。

它针对目前国内外比较流行的英式斯诺克台球和美式台球技术进行专门介绍。既是一本初学入门书，又是一本短期可望成为台球好手的参考书。

它内容新颖、先进、详尽，补充了已经出版的书籍所没有的技术，按技术的难易程度和选手成长过程进行编写，读者可根据自己的技术进步情况，循序阅读，也可直接选择相应章节阅读。全书有二百多幅插图，图文并茂，易于理解。

台球简史，是按照年代先后编写的，概念清晰，便于查阅。

对台球有关的设备进行了较为全面介绍，着重介绍了专业选手使用的设备。

台球规则是根据英、美著作及世界权威性的比赛和国内比赛采用的规则编写的，正确而详尽。

前言

台球,也称撞球。它是一项老少咸宜的高雅的文体活动,是智力与体力相结合而又比较轻便的全身运动。一年四季均可进行。台球具有极强的趣味性,有许多高超的击球技巧,一旦初步掌握了它的击球技巧,就会感到趣味无穷,而且会吸引你进一步探索它的奥秘。

台球技术的核心,可以归纳为三部分,第一部分是准确地击球入袋;第二部分是各种特定球的击打方法;第三部分是精确的主球走位。前人著作中对于第一部分,未能提供快速掌握的方法,需要自己去摸索,因而费时较长。这样,就会使很多人望而却步。本人对于这部分进行了深入研究和探索,从理论和实践方面发掘了其中的规律,因而使自己的台球技术迅速得到了提高,同时创新了直角三角形瞄准法和夹角瞄准法,研制了台球瞄准测量器,推导出来目测击球角的度数瞄准法的计算公式,计算出来与击球角度数对应的瞄准数据表,推导出来重合度瞄准法的计算公式,补充了重合度瞄准法的数据,将目测击球角度数瞄准法的数据移植到重合度瞄准法中来。这样就补充了前人著作中的不足,为打台球的人提供了较方便的学习条件。对第二部分各种特定球的击打技术进行了详细的介绍。并根据近年来国际比赛,英、美的台球著作及本人的经验,对第三部分作了充分的介绍。编写此书的目的,是将自己多年来积累的心得体会,奉献给我国的台球界人士。如果本书能对我国台球运动有一点微薄的贡献,本人将感到无限欣慰。希望有志成为台球好手的人成功,祝愿他们在国际比赛中取得优异成绩。

书中照片由郭程伦先生协助拍摄,谨致谢意。

由于本人的水平所限,书中难免有不当之处,希读者给予指正。

张宝荣

2000年1月7日

~~~ 图~例 ~~~

　　为使书中的插图清晰、简明,将书中的图例解释一下。斯诺克的球体和美式的球体均以相同大小的圆表示,斯诺克的彩球在圆的旁边注有相应的(红、黄、绿、蓝、粉、黑等)颜色。美式的彩球在圆的旁边注有阿拉伯数字(1、2、3、4、5、6、7、8、9等),表示彩球的编号。主球一般不加标注。在某些图中,主球中间的阿拉伯数字,则代表击打的顺序号。彩球在碰撞前用深色的实心圆表示,碰撞后用浅色的实心圆表示。主球在碰撞前用实线的空心圆表示,碰撞后用虚线的空心圆表示。彩球行走路线用实线表示,主球行走路线用虚线表示。用箭头表示球体行走方向。球台纵向和横向中心线以及袋口中心之间连线均用点画线表示。主球撞点图用大圆表示,撞点位置用十字线标注在大圆的相应位置。参见下面图例:

　　○　击打前的斯诺克主球或美式主球

　　○　击打后的斯诺克主球或美式主球

　　○² 第二次击打的主球

　　● 目标球或红色球

　　●红 碰撞前红色球,其余彩球与此相同,仅仅标注字样不同

- ◉ 红　碰撞后红色球
- ● 1　碰撞前1号球
- ◉ 1　碰撞后1号球
- ——→ 主球行走路线和方向
- —— 彩球或号码球行走路线
- ⊕　击打主球中心右撞点，+符号表示撞点位置

目 录

台球简史 …………………………（1）
台球术语 …………………………（6）
台球设备 …………………………（17）
  一、台球桌 ………………………（17）
  二、球 ……………………………（17）
  三、球杆 …………………………（18）
  四、架杆 …………………………（18）
  五、记分牌 ………………………（19）
  六、球杆吊放器 …………………（19）
  七、三角形量器和菱形量器 ……（20）
  八、台球定位器 …………………（21）
  九、巧克粉 ………………………（21）
  十、巧克粉便携器 ………………（21）
  十一、皮头 ………………………（22）
  十二、球杆的皮头打磨器 ………（22）
  十三、铜套管 ……………………（22）
  十四、球杆套和球杆盒 …………（23）
  十五、插杆架 ……………………（23）

十六、加长杆 …………………………………………(23)

十七、灯罩 ……………………………………………(24)

十八、扑手粉 …………………………………………(25)

十九、球杆尾托 ………………………………………(25)

二十、台球瞄测练习器 ………………………………(25)

二十一、台球瞄准测量器 ……………………………(26)

二十二、台球瞄准点吊放器 …………………………(27)

入门阶段 …………………………………………………(29)

一、入门阶段的目标与要求 …………………………(29)

二、击球的十个环节 …………………………………(29)

  1. 策划 ……………………………………………(30)

  2. 击球点 …………………………………………(30)

  3. 瞄准 ……………………………………………(31)

  4. 手架 ……………………………………………(32)

  5. 站立 ……………………………………………(36)

  6. 握杆 ……………………………………………(37)

  7. 抽拉准备动作 …………………………………(39)

  8. 挥杆 ……………………………………………(40)

  9. 跟进 ……………………………………………(42)

  10. 收杆 …………………………………………(42)

三、击球时的总体要求 ………………………………(42)

四、瞄准方法 …………………………………………(43)

  1. 标准瞄准法 ……………………………………(43)

  2. 直角三角形瞄准法 ……………………………(45)

3.重合度瞄准法 …………………………………… (49)
　　4.目测击球角度瞄准法 ……………………………… (54)
　　5.夹角瞄准法 ………………………………………… (60)
　　6.碰撞点瞄准法 ……………………………………… (61)
　　7.各种瞄准方法的比较 ……………………………… (62)
五、切击时的投掷效应及其变异 ………………………… (63)
六、内手球与外手球瞄准点差异的检查 ………………… (65)
七、台球的击球要领 ……………………………………… (67)
八、如何正确地进行瞄准 ………………………………… (68)
九、如何确保主眼定位在球杆上方 ……………………… (69)
十、如何复核主眼位置 …………………………………… (69)
十一、如何自我检查击球姿势和存在问题 ……………… (70)
十二、如何全面掌握各种角度击球的瞄准 ……………… (71)
十三、主球距离目标球远近对瞄准点的影响 …………… (72)
十四、击打主球各个撞点的作用 ………………………… (73)
十五、检验掌握击球要领的练习 ………………………… (75)
十六、击球的杆法 ………………………………………… (81)
十七、基本的击球技法 …………………………………… (82)
十八、将在不同角度的目标球击打入袋的练习 ………… (94)
十九、开球猜先 …………………………………………… (96)
二十、英式斯诺克台球开球及其典型路线 ……………… (97)
二十一、美式9球和8球开球及其典型路线 …………… (99)
二十二、关于训练方式的探讨 ………………………… (102)
二十三、在家中建立简易练习台 ……………………… (102)

3

二十四、球杆的选择 ……………………………… (103)

二十五、球杆的加工与保养 ……………………… (106)

二十六、球和球台的维护 ………………………… (108)

二十七、自己动手制作台球瞄准测量器 ………… (110)

中级阶段 ……………………………………………… (112)

一、中级阶段的目标和要求 ……………………… (112)

二、旋转球的分类 ………………………………… (112)

三、主球与目标球的分离角 ……………………… (113)

四、撞击力的大小与分离角的关系 ……………… (115)

五、薄击与厚击对随击和缩击的影响 …………… (116)

六、根据不同的分离角采用相应击打方法实例 … (118)

七、如何防止主球落袋 …………………………… (121)

八、如何击打紧贴台边的主球 …………………… (130)

九、如何防止目标球从袋口中弹回 ……………… (131)

十、如何击打紧邻角袋口的目标球 ……………… (132)

十一、如何击打目标球入中袋 …………………… (135)

十二、如何击打翻袋球 …………………………… (136)

十三、如何击打贴着台边的目标球入相邻角袋 … (141)

十四、主球和目标球贴在同一岸边时如何击打 … (143)

十五、如何击打稍稍离开台边的目标球入袋 …… (144)

十六、吻击的击打方法 …………………………… (145)

十七、借力球的击打方法 ………………………… (146)

十八、如何击打吻球 ……………………………… (148)

十九、如何击打倒顶球 …………………………… (153)

二十、如何处理在岸边附近难打的球 …………… (154)

二十一、如何打搓球 ……………………………… (155)

二十二、如何打跳球 ……………………………… (156)

高级阶段 ………………………………………………… (159)

一、高级阶段的目标和要求 ……………………… (159)

二、揭开缩击的神秘面纱 ………………………… (159)

三、侧向旋转球的特性 …………………………… (164)

四、侧向旋转球撞击目标球的特殊效果 ………… (167)

五、如何击打弧线球 ……………………………… (171)

六、如何使主球碰到目标球后产生弯曲的路线 … (173)

七、随击加侧旋和缩击加侧旋时主球行进路线 … (175)

八、主球滚动距离与目标球滚动距离的关系 …… (177)

九、主球走位在台球比赛中的作用及其控制 …… (180)

十、主球45°方向走位的特定路线 ……………… (182)

十一、主球各种走位实例 ………………………… (185)

十二、主球各种走位练习 ………………………… (196)

十三、在斯诺克台球比赛中如何建立高分 ……… (201)

十四、在斯诺克台球比赛中如何冲击红球组 …… (210)

十五、如何进行安全击 …………………………… (214)

十六、库边对称点的妙用 ………………………… (221)

十七、利用库边等分点主球吃三次库的路线算法… (224)

十八、主球吃三次库的远点算法 ………………… (225)

十九、如何制造障碍球 …………………………… (227)

二十、如何解救障碍球 …………………………… (235)

二十一、如何避免犯规 …………………………………(243)

二十二、英式斯诺克台球战术 ……………………………(245)

二十三、美式台球战术 ……………………………………(248)

二十四、美式9球台球比赛精彩实例 ……………………(252)

二十五、要学会选择进攻与防守 …………………………(256)

二十六、影响全局胜负的重要因素 ………………………(256)

二十七、比赛注意事项 ……………………………………(258)

二十八、如何提高你的球技 ………………………………(258)

台球规则简介………………………………………………(260)

一、英式斯诺克台球 ………………………………………(260)

二、美式9球台球 …………………………………………(266)

三、美式8球台球 …………………………………………(270)

台球简史

台球运动已有600年的历史。最早称桌球,无袋。台球起源有两说,一个为法国,一个为英国。早期的台球用黄铜和木料制成,后来改用象牙,价格很贵,是一种贵族的娱乐活动。

1504年西班牙人将台球运动传入美国。其后,英国和法国又相继将台球传入美国。但美国的台球运动于1800年以后,才开始盛行起来。

19世纪,台球运动在技术上有了很大进步,英格兰维多利亚女王时代,台球运动已很流行。

现在将台球运动的重要事件按年代先后叙述于下:

1827年,台呢下面的木质台面改成今天的石板台面。

1835年,美国人首先将台边由木质改为弹性优良的橡胶,法国人在球杆头部使用了皮革杆头,英国人又发明了巧克粉,著名球星卡尔首创了旋转球,使台球在技术上和艺术上都更为新颖玄妙,更加引人入胜。

1875年,由英国驻印士兵对英式台球改进后,成为现今的斯诺克台球。1880年自印度传回英国。

1903年,英国台球协会制定了正式的斯诺克台球规则。

1916年,英国业余台球协会成立。

1919年,世界台球联合会成立(International Billiard and Snooker Federation 简称 IBSF),主管英式台球和斯诺克台球世界比赛。

1927年,开始职业斯诺克台球赛。

1940年,世界台球联盟成立(Union Modiale de Billiard 简称 UMB-Carom)。它主管开伦台球的世界比赛。

1948年,美国台球协会成立(World Pool Association 简称 WPA)。主管美式台球的世界比赛。

1965年,设立了美国台球名人纪念馆,保存台球史上重要资料和杰出人物的光荣纪录。

1968年,美国一家塑料公司制造出塑胶台球。

1986年,中国台球协会成立。

1990年,国际奥委会正式承认了世界台球联盟、台球联合会和美国台球协会。经过协商,这三个组织组成了一个统一的台球运动管理机构,即:世界台球运动联盟(World Confederation of Billiard Sports,简称 WCBS)。

1996年,世界台球运动联盟完成了合并三个不同组织的任务。同年,国际奥委会(IOC)批准了国际奥委会执行委员会关于承认世界台球运动联盟作为一个国际性联合会组织的决定。

1998年,在国际奥委会年度会议上,世界台球运动联盟被永久性承认。同年,在泰国曼谷举行的第13届亚运会中,台球成为正式比赛项目。

2000年的悉尼奥运会,台球被列为表演项目。

现今台球种类很多,除美式台球、斯诺克台球、法式台球、英式台球外,还有各种开伦台球。

美式台球即花色号码台球,是美国发明的,所以最盛行于美国,并流行于日本等国。斯诺克台球最流行于英国及以前是其殖民地的国家。目前这两种台球在世界上最为流行。

台球于19世纪传入我国。20世纪初,我国的上海、天津、北京等大城市,一度成立了台球总会。新中国成立后,于1960年曾举行过一次全国比赛。1985年,在天津和上海举办了全国比赛。1986年北京又举办了一次。现今的北京市台球协会成立于1985年,随后,其他大城市也相继成立了台球协会,并举办了各种台球比赛。1986年,中国台球协会正式成立,它举办了多次全国性的比赛,组织了国内运动员与世界高手们进行技术交流。1987年3月5日,在北京举行了"键牌杯"中国台球大奖赛,有英国的8名选手和中国选手参加了比赛,大约有一亿观众通过电视传播观看了比赛,这次精彩的比赛掀起了一股台球热。从此台球在我国广泛流传开来,每年都有许多比赛,我国选手的水平也在不断提高,并开始举办一些世界大赛。

由于我国的台球运动开展得较晚,技术水平较低,与英、美等国相比还有一定差距。但是,近几年来,随着我国的国力日益昌盛,台球活动日益普及,如今已有长足进步,已经接近英、美水平。我国香港选手傅家俊于1998年获得英国格兰披治国际台球赛亚军,在世界职业赛排名近期已经排至第13名。前几年在中国举行的世界冠军挑战赛中,我国北京选手庞卫国仅以2比3的比分负于世界冠军亨得利。不过,我国台球整体水平与世界强国差距还是较大。我国台湾省的9球水平较高,例如1999年国际职业9球台球锦标赛上,在有26个国家96名顶尖高手参赛的情况下,我国台湾选手张浩平(译音)获得了亚军。可喜的是我国新人不断涌现,2002年我国出现了一个被誉为"亚洲神童"的15岁的丁俊晖,他9岁时接触台球,2002年初几乎包揽了我国所有斯诺克台球比赛冠军,其后又连续获得亚洲青年斯诺克台球锦标赛冠军、亚洲职业赛斯诺克台球冠军、世界青年21岁以下斯诺克台球锦标赛冠军,以及亚运会斯诺克台球团体和个人金牌,从而使我们看到我国台球水平正在飞快地提高。

在2002年秋季举行的世界斯诺克台球锦标赛中,我国的庞卫国杀进前8名,我国的丁俊晖带病获得了季军。从这次比赛的结果看,在前32名之中,欧洲人仅占三分之一强,在前8名之中,欧洲和亚洲则平分秋色,在前4名之中,欧洲只有两人,亚洲一人,冠军却是澳大利亚人。从而可以得出如下结论:欧洲人在斯诺克台球世界的霸主地位正在动摇。

斯诺克台球著名的人物,20世纪80年代有多次获得世界冠军的史蒂夫·戴维斯,90年代有多次获得世界冠军的斯蒂芬·亨得利。21世纪初期则是一个群雄并起的时代,世界斯诺克职业选手最新排名前16名依次是:马克·威廉姆斯、约翰·希金斯、龙尼·奥萨里文、斯蒂芬·亨得利、马修·斯蒂文斯、彼德·埃布顿、斯蒂芬·李、肯·达赫迪、吉米·怀特、乔·斯威尔、戴夫·哈罗德、保罗·亨特、傅家俊、阿兰·麦克·马那斯、多米尼克·戴尔、史蒂夫·戴维斯、安东尼·汉密尔顿、马克·金、弗格·奥布莱恩、格莱姆·多特。

我国斯诺克台球选手成绩较好的有：香港的傅家俊，广东的丁俊晖，北京的庞卫国、蔡剑忠、张凯，新疆的哈斯木，甘肃的达海林，福建的杨建跃，深圳的郭华。在2002年年终举行的全国斯诺克台球精英赛中，又出现了不少好手，其中有获得冠军的年仅15岁的大连选手田鹏飞，天津19岁的刘菘在预赛中打出了单杆144分，此外上海的曹凯胜、辽宁的金龙及黑龙江的15岁少年梁文博等人，也有不错的表现。

2002年中国斯诺克台球比赛，男子前16名依次为：丁俊晖、金龙、田鹏飞、蔡剑忠、达海林、郭华、杨敬天、梅希文、曹凯胜、唐俊、宋伟飞、刘菘、郑鹏、胡斌、杨旭、庞卫国。

2002年我国全国斯诺克选手积分排名表前16名：庞卫国、金龙、蔡剑忠、达海林、李寅希、伍烁辉、刘菘、杨建跃、郭华、龙翰森、张凯、刘鑫、哈斯木、张东涛、肖峰、李楠。

台球术语

一、比赛规则术语

局：从开球开始,直至一方球员认输,叫一局。

盘：比赛双方商定或比赛组织者规定,决定胜负的若干局比赛叫一盘。例如3局2胜或5局3胜。

场：比赛双方商定或比赛组织者规定,决定胜负的若干盘比赛叫一场。例如3盘2胜、5盘3胜、9盘5胜等等。

击球球员：球员开始击球,在一击球或一杆球结束之前,也就是裁判员宣布失机或犯规之前,这名球员保持着击球球员的身份。

主球：又叫母球或头球或本球,是用球杆直接击打的球。

目标球：用主球去撞击并使其落袋的球。

开球：比赛时,每局开始的第一次击球。通常由开球选手将主球放在开球区规定位置,用球杆去撞击主球,使主球去碰撞前半台的多个台球组成的球组。

开球权：指首先开始击球的权利。为了决定何方首先开始击球,两名选手同时从开球区左右两边,撞击各自的主球到顶岸,然后返回首岸附近,不管主球碰到首岸与否,最后,与主球距首岸近者获得开球权。

手中球:每盘比赛前,或主球落袋,或主球出界,或裁判员裁定主球持在击球选手的手中等情况下,主球被称为手中球。

局中球:开局后,主球不是手中球就是局中球,其他球被放置完毕即为局中球。

指定袋:球员声明目标球所要落入的球袋。

指定球:选手击球前,向裁判员声明或明确示意首先要击打的目标球,叫指定球。在各种台球打法中都有具体规定,可以报号码,可以报分也可以报颜色或示意指定。

活球:任何根据规则能够首先被主球撞击的目标球都是活球。

死球:有两种情况主球被称为死球:1.主球直线前进能够直接撞击到任何活球的任何部分的线路轨迹,都被一个或一些非活球所阻挡,这时的主球称为死球。2.主球为手中球时,在开球区的边线上,以及开球区内任意一点上,瞄向任何活球的线路都被阻挡的情况下,主球被称为死球。

跳球:主球击出后,没有击中目标球之前,跳跃过台面上任何球体即为跳球。在美式台球中,利用跳球击球法可以解救障碍球,在斯诺克台球中则为犯规。

一击球:击球者用杆头撞击主球,无论得分、犯规或失机,都叫一击球。

一杆球:选手在一个轮次内,接连完成一系列的击球入袋的过程,叫一杆球。

错杆:球杆未击中主球。

滑杆:击打主球时,在主球表面发生滑动,造成击打失误。

空杆:选手击出主球后,未碰到(活球)目标球时叫空杆。

连击:在击打主球过程中,两次以上击打主球,叫连击。

推杆:主球与目标球相贴或很近时,击球时球杆和主球推击目标球,或者与主球相贴而同时向前推移时,叫推杆。这种推杆是一种犯规行为。例如:1.当主球触及目标球时,杆头继续和主球相接触。2.当主球已经开始向前滚动之后,杆头继续和主球接触。

另外一种情形,在9球比赛中,当开球后无法直接击打目标球时,规则允许采取的一种过渡击法,即只将主球推到别处,此种击法也叫做推杆。

开局球:每局开始的第一杆击球。

死角球:主球在袋口处,出球路线被台边阻挡,不能直接击到任何活球时,主球即成为死角球。

自由球:在斯诺克台球比赛中,当对方犯规后,本方无法直接击打到目标球时,可以指定任意一个球作为目标球来打,这球叫做自由球。在美式台球比赛中,当一方犯规,对手可以将主球放置在任意位置进行击球,这也叫做自由球。

占位:当被打的球入袋或出界后,需要把该球放回置球点,置球点此时如有其他的球占据时,叫占位。

失机:选手击球无效但未犯规,只失去击球权,这时叫失机。

犯规:球员击球时,出现违反比赛规则的行为。

误击：误将他球作为主球击打，称为误击。

自落：主球在击打目标球时，主球自身落入袋中，叫自落。

同落：即主球和目标球都落入袋中。

出界：指球员在击球时，将球台上任意一个球击出球台，或停留在岸上。

僵局：当双方球员在比赛中，台面上球势形成相持局面，比赛无法进行下去时，即称为僵局。如果裁判员认为比赛即将陷入僵局，应警告双方，若不及时改变僵持局面，就要宣布本局成为僵局，本局比赛的比分无效，重新开球进行比赛。

二、击球重要术语

球杆：用以击球的杆。

手架：或叫架桥或桥架，使用左手或右手搭成一个支架，以便球杆在其上滑动去碰撞主球。

抽拉动作：选手在击球前，将球杆前后来回摆动，对主球进行撞球的准备动作。

撞点：使用球杆撞击主球的部位。

角：一个圆的张角如以度数作单位，它的张角是360°，两条直线垂直相交时，所夹的角是90°，大于90°时叫做钝角，小于90°时叫锐角。

角度：通常两条直线间的夹角的大小以度数计算，所以一般把角的大小叫角度。

视角：物体两端在眼睛中的张角，从正面看或从侧面看，物体的视角可能不同。

击球角：目标球和袋口中心连线的延长线上截取一点,该点距目标球中心的长度等于球的直径,主球中心与该点的连线延长线和目标球中心与袋口中心之间连线间的夹角叫击球角,当主球、目标球及袋口三者在一条直线上时,此夹角为零,此夹角在90°以内时,才有可能击打目标球直接入袋。

瞄准线：是指主球中心与瞄准点之间的连线。正确的中杆击球,球杆运动方向线应该与瞄准线重合。

球杆运动方向线：是指挥杆击球时球杆向前运动的线路。侧旋击球时该线与瞄准线平行。

分离角：主球撞击目标球后,主球的走向和目标球的走向之间的夹角,叫分离角。

分程角：主球碰目标球后,两球各自的走向与球杆击打方向线所成的夹角,叫分程角。

自然角：相吻或相邻的两个球的中心连线方向正好对着袋口时,叫自然角。

入射角：球朝台边前进路线与台边形成的锐角,即小于90°的角。

反射角：球碰到台边后反弹回来的路线与台边形成的锐角,即小于90°的角。

上旋球：球杆击打主球的中心上时,使主球产生向前旋转的力,并向前滚动的球,叫上旋球,也叫前旋球。

下旋球：球杆击打主球的中心下时,使主球产生向后旋转的力,并向后滚动的球,叫下旋球。

右旋球：球杆击打主球的中心偏右时，主球逆时针方向转动，叫右旋球。

左旋球：球杆击打主球的中心偏左时，主球顺时针方向转动，叫左旋球。

侧旋球：顺时针或逆时针旋转的球。

跟球：也叫跟进球，主球撞击目标球后，有明显停顿，追随目标球前进，这种球叫跟球也叫自然角球。

弧线球：又叫曲线球，主球击出后，不走直线轨迹，而是从直线轨迹的左侧或右侧，走一个弧线轨迹到达目标，这种球叫弧线球。

上定位球：分离角等于80°左右的球，叫做上定位球。

定位球：又叫顿球或停球，击打主球使其在撞击目标球后，分离角等于90°或停留在原来目标球的位置上都叫做定位球。

倒顶球：又叫反顶球，主球利用碰撞台边后，再撞击目标球。

翻袋球：又叫反弹球，主球撞击目标球，目标球经过碰撞台边后，再进入袋中。

借力球：主球先撞击第一目标球，借用该球的力量，再将另一个目标球击中。

障碍球：西文音译斯诺克，又叫做吊球，即位于主球和目标球之间使击打时出现障碍的球。

后斯诺克：指主球的后面有紧邻的障碍球，影响主球的正常击球。

内手球：右手持杆，击打目标球使其向左移动时，叫内手球或正手球。左手持杆时，则为外手球。

外手球：右手持杆，击打目标球使其向右移动时，叫外手球或反手球。左手持杆时，则为内手球。

吻球：两个或两个以上的球没有间隙地紧贴在一起叫吻球。

搓球：缩击球的一种形式，球杆斜向击打主球，使主球缩回较小的距离。

跳球：球杆末端高高翘起，击打主球的中心稍上一点，使主球离开球台台面跳起。

踢球：击打某个球时，主球撞击该球入袋的同时，还利用主球撞击目标球后的走位，去把贴在台边附近较为难打的球踢离台边，以利于其后的击球。

炸球：斯诺克台球在击打某个彩球时，使彩球落袋的同时，还使主球去大力冲击聚集在一起的红球组，将其炸开，以便下一步击打。

随击：又叫跟杆或高杆。即用球杆击打主球中心以上部位，使主球碰到目标球后，继续往前跟随滚动一段距离。

缩击：又叫抽击或缩杆或拉杆。即将球杆快速击打主球的中心下撞点，球杆杆头穿越主球原来所在位置，向前跟进一定距离，使得主球具有较强的下旋，当碰到目标球后，主球会往后倒退滚动一段距离。

旋转击：将球杆击打主球的左侧或右侧部位，使主球带有向一侧旋转性质的击球。

切击：有一定角度的击球,即击球角不等于零的击球叫做切击。

贴库：或叫贴边或贴岸。球体紧紧靠在台边上叫贴库。

吃库：又叫碰岸。一次击打使球碰到台边一次叫做吃一库,碰到两次时叫做吃两库,其余依此类推。

一颗星：即吃一库。两颗星即吃二库,其余依此类推。

正杆：击打主球左侧去撞击目标球的左侧,或者击打主球的右侧去撞击目标球的右侧。

反杆：击打主球左侧去撞击目标球的右侧,或者击打主球的右侧去撞击目标球的左侧。

球势：球台上的台球分布形势或状况。

走位：击打主球使目标球入袋的同时,并使主球滚动到便于下一杆击球入袋的位置,意即使主球行走到理想的位置。

捉到某球：或叫做校到某球。意即主球将目标球击入袋中后,主球走位到便于击打下一个目标球的位置。

三、击球其他术语

正旋球：或叫顺旋球。使用正杆击打法使主球产生的旋转球,参见正杆术语解释。

反旋球：使用反杆击打法使主球产生的旋转球,参见反杆术语解释。

轻球：击球时使用很轻的力度击打主球,使主球缓慢前进。或为了下一击创造好球的机会,而轻力击球。

贴球：同吻球。

吻击：主球撞击目标球,使目标球再碰到袋口附近的球,目标球改变方向而落入袋中。

多边反弹球：主球撞击目标球,使目标球经过多次碰撞台边后落入袋中。

双用球：击打主球的同一个撞击点时,由于力度的不同,击球效果不相同的球。例如,大力击打主球中心稍下点时,将打出定位球。小力击打同一点时,将打出跟进球。

直接借力球：主球撞击其他活球后,再撞击目标球入袋,或主球撞击吻球,使被撞击的球入袋,都叫直接借力球。

间接借力球：主球先撞击第一个目标球,第一个目标球再撞击第二个目标球,使第二个目标球入袋,叫间接借力球。

连锁球：用主球去撞击两个相贴的球或者间隙小于 3 毫米的两个球,使其中一个球入袋。

推击：近距离推球。

拉击：同缩击。

薄击：击打主球使其撞击目标球时,两球重叠的部分较小,小于半个球。

厚击：击打主球使其撞击目标球时,两球重叠的部分较大,大于半个球。

半球击：击打主球中心撞点,使主球中心对准目标球的边沿,即主球与目标球重叠半个球,这种击法叫半球击,有时简称半球。

3/4 球击：主球与目标球重叠 3/4 时的击球,这种击法叫

3/4球击,有时简称3/4球。

加力随击:亦叫加力推球或跟杆,使主球跟进很长的距离。

加力缩击:亦叫加力缩球或缩杆,使主球退回很长的距离。

安全击:防守性击球。

扎杆:它是一种杆头向下,球杆与台面成90°角的击球方法。是一种为了避免发生推杆或撞击到与主球相贴的球而采取的技巧击球,可以使主球按弧线行走绕过邻近的障碍球。

高杆:即用球杆击打主球中心以上撞点。

中杆:即用球杆击打主球中心撞点。

低杆:即用球杆击打主球中心以下撞点。

偏杆:即用球杆击打主球中心左或中心右撞点。

球路:台球滚动的路线。

加塞:"塞"为"侧"的英文音译。加塞即增加了侧向旋转,如低杆加塞,是指击打主球的左下或右下。

送红:将红色球送入袋中。

吃黑:将黑色球送入袋中。

吃球:或叫收球。即将目标球打入袋中。

四、比赛球台术语

前半区:又叫前半台,即开球区的对面的半个球台,也叫低岸区。

后半区：又叫后半台，即开球区，也叫高岸区。

底岸：靠近开球区的球台短岸边，又叫首岸。

顶岸：靠近置球区的球台短岸边，又叫端岸。

内区：开球线与底岸之间的区域。

外区：开球线与顶岸之间的区域。

岸边：球台的四周用绿色呢布包裹的橡皮边沿。

侧岸：球台的长边。

角袋：位于球台的四个角部的球袋。

中袋：又称腰袋，位于球台长边中点的球袋。

顶袋：置球区的一侧的角袋叫顶袋。

底袋：开球区的一侧的角袋叫底袋。

开球点：开球时主球放置的地点。

开球线：通过开球点并平行于短边的直线。

置球点：摆放三角形或菱形台球组的第一个球点。

置球线：通过置球点并平行于短边的直线。

袋口远角：袋口有左右两个边角，距离目标球较远的角叫远角，又叫外角。

袋口近角：袋口有左右两个边角，距离目标球较近的角叫近角，又叫内角。

袋角：袋口的入口处左右两个边角叫袋角。

~~~台~球~设~备~~~

一、台球桌

英式斯诺克台球桌长 3.80 米,宽 2.10 米,台面净尺寸为 3.60 米×1.80 米,高 0.80 米,设八条腿。球台的四个角和两条长边的中央共开有六个洞,洞下挂有网袋,网袋底部有洞,洞下有可存放进球的长形槽架,槽架由特制的三根金属组成,球很易取出。台面由多块大理石板拼成,台子的四边镶有三角橡胶,台面和三角橡胶上铺贴上绿色台呢。台架用高级木料制成,台架要求牢固沉稳。

美式台球桌长 2.78 米,宽 1.50 米,台面净尺寸为 2.47 米×1.20 米,高 0.80 米,设六条腿。其结构与英式球台相同。美式台球桌的长边和短边上还镶有星形标记,每个长边上有六个星,每个短边上有三个星,这是帮助选手利用库边击球时进行计算之用的,但国内的球桌通常没有这种标记。

二、球

1.英式司诺克台球比赛用 22 只球,其中主球为白色,15

只为红色,6只为彩色(黄色、绿色、棕色、蓝色、粉红色、黑色各一只),每只球的直径为52.5毫米,重量为146克。

2.美式号码台球共有16只球。其中主球为白色,1~7号为全色,8号为黑色,9~15号为间条彩色。美式8球比赛时使用全部球,美式9球比赛时只使用1号球到9号球。每只球的直径为57毫米,重量为160克。

三、球杆

球杆一般是用比较高级的木料制成。球杆的长度不允许小于91厘米,通常长1.3~1.5米。球杆的重量没有特别的规定,通常重450~650克。市售的球杆以英两标注重量,由16英两到21英两之间。美式球杆顶端直径约为12~14毫米,英式球杆顶端直径为9~11毫米。

因为用杆的顶端直接击球,易于磨损,所以球杆的寿命在于顶端。球杆的顶端都有铜套保护,球杆的最前端有一个短圆柱状的皮制球栓,以便较好地与球接触。

四、架杆

由于球台的面积较大,有时要在手臂无法达到的地方来架桥,此时必须使用架杆来完成。架杆是一根较球杆略为粗一些的木杆,其头部固定有一个金属架。架杆有短架杆和长架杆之分,在美式球台上短架杆已能满足全部需要,在英式球台击球，必须根据实际情况选择使用架杆。短架杆长约1.5米或1.8米，长架杆长2.7米。架杆又有低架和高架之分，高架为W形，低架为X形。此外还有一种前边带有探头的架杆，即这种架杆可将支架放在障碍球的后面，但是它还有向前探出一段的金属架，因而可在一般架杆无法放置时使用。

近期国际大师们较多地自备"架杆附加器"。它是一种小型支架，它的底部有孔，可以附加在X型架杆左或右的圆棒上，向左或右侧上方扩展。它还可调整角度后再拧紧，当多个红色球在主球正后方造成障碍、而侧面又有较大的空闲位置时，可以把这种架杆组合放在障碍球组的侧面，击打主球将轻而易举。可惜国内市面上尚未有此商品。

五、记分牌

一般英式球台备有记分牌，这是比赛时用来记录双方得分数目的设备。记分牌的左半边标有从1～19的数字，进入20时计入右半边，右半边标有0、20、40、60、80、100等数字。

六、球杆吊放器

用于吊放球杆之用，这是利用球杆的自重来防止球杆弯曲，它是由有一定弹性的木材制成，上部固定有金属的吊环，下部中间掏空，外部分为四个瓣，头部略大，中部套有一个铜制的可移动的箍，参见图1。

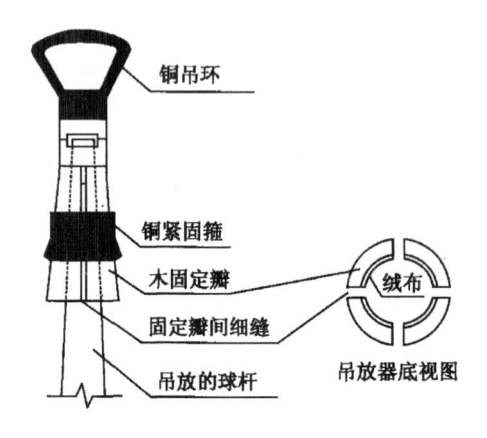

图 1　球杆吊放器

当吊放球杆时,将球杆的尖端自下部插入,然后将铜箍往下移动,此时即可将球杆夹紧,固定器的上部吊环可吊挂于适当的处所。市售的固定器不易夹紧,宜将其四个瓣的里面用万能胶粘上一层绒布,就很好用了。如果将球杆吊放器的上部小孔堵死,还可以利用它来对刚刚粘好的皮头加压之用。

七、三角形量器和菱形量器

英式斯诺克台球和美式 8 球比赛均使用三角形量器,只不过大小有所不同,都是在开球前用来摆放台球之用。美式 9 球则使用菱形量器或三角形量器。这些量器通常为塑料制成的框子,有的使用木材制成。

八、台球定位器

它是一块透明的矩形有机玻璃,在它的上面有 V 形或半圆形缺口,由于多次击球,杆头上的巧克粉及台面上的落粉沾污了球的表面,当选手要求清洁时,裁判用它来定位需要清洁的球,然后再取走该球,把球清洁后再放回原处,取走该定位器。

九、巧克粉

一种粘结在一起的粉,可涂在球杆头部栓上,用来增加摩擦力,以防打滑。它是边长两厘米左右的一个立方块,呈浅绿色或蓝色。

十、巧克粉便携器

这是一个便于球员随身携带的小盒,它由黑色硬胶木制成,由底盒和上罩组成,底盒尺寸正好放入一个巧克粉块,底盒的底部由镀锌铁皮支撑。上罩套于底盒外面,将巧克粉保护好,上罩的顶部有约 1.5 厘米直径的孔,以便露出巧克粉。便携器还备有一个磁性的衣夹,将该衣夹别在衣服上,将小盒底部往衣夹上一放,小盒就会被吸牢。需要时可将小盒取下,给皮头上巧克粉。

台球选手在击球的专用背心上通常附有小袋,把巧克粉放在袋中,用时从袋中取出,也很方便。

十一、皮头

皮头又叫皮垫或皮栓,皮头的形状应该是圆头的,以适应主球的形状,以便很好地与主球接触,产生足够的摩擦。若使用平头形状的皮头,不可避免地会产生一系列的误击。

十二、球杆的皮头打磨器

球杆的皮头必须保持完整,其头部的形状也可随选手的习惯而有所不同。长期使用后,皮头还会过于压紧光滑,为此可使用专用的打磨器,或使用较细的钢锉来打磨皮头。专用的皮头打磨器是一块长方形硬胶木,长约8厘米,宽约2厘米,两端呈圆形,厚约0.4厘米,两面有很浅的槽,槽中粘贴着极细的砂纸。可以用大拇指和食指攥着,对球杆皮头进行打磨。打磨器还配有专用的皮套,不用时可放在皮套中。

十三、铜套管

球杆通常在尖端均装有铜套管,这是为了防止球杆的头部磨损或劈裂。如果没有,应该补加铜套管。铜套管长约8毫米,可将球杆的前端比照铜套管的尺寸用刀修细,以刚好能套上铜套管为宜,不要太松。为防止铜套管脱落,最好先在杆上及铜套管里面涂上万能胶,然后套上铜套管,再粘上皮头。

十四、球杆套和球杆盒

为了便于携带及保护球杆,可将球杆放在球杆套或球杆盒中,球杆套与球杆盒的内部均衬有海绵或绒布。美式球员带有三根球杆,常使用球杆组合套。

十五、插杆架

也叫枪架,用来放置多个球杆的木架。

十六、加长杆

在击打远距离主球时,原有的球杆若不够长,可临时将球杆加长一段。有两种加长方法,一是球杆后面带有加长用的铜制部件,其构造与两节杆的相同,实际上是一种三节球杆,这种三节杆市面上有售。另外一种是通用的加长杆,加长杆的前端是由一种有弹性的管状塑胶构成,靠近端口处略小。外面有一段强力的绷带。普通球杆的末端可直接插入,即可形成一个完好的长杆,参见图2。图中作者右手握的是加长杆,左手握的是球杆,正在准备插入。加长杆比长杆好用。因为那是你熟悉的杆头。加长杆是专业球员必备的设备,星牌公司有售。现在在国际比赛中,比赛场地备有两个通用加长杆,不但球杆使用通用加长杆,而且架杆也同时可使用通用加长杆。这样一来,就可以免去不怎么好使的长架杆。

图2　使用通用加长杆以加长球杆

十七、灯罩

灯光照明是台球运动的一项重要设备。打台球时,要求光线必须从上向下均匀地照射在整个球台的台面上,不能有散射光线刺射球员的眼睛。厂家以前提供的是一个笨重的大型长方形灯罩,现在改为新型灯光组,它是由一排小型碗型灯罩组成,通常由制造台球桌的厂方按成套设备统一提供并安装。

十八、扑手粉

扑手粉是一种滑石粉,当球员的手上出汗时,手与球杆产生阻滞现象,使球杆不能自由活动,这时手上涂上一点扑手粉,便可减少阻力。但是扑手粉易污染台面,也影响球的滚动。

有的台球娱乐场所,把它装进布包中,使粉能够从布的隙缝中泄漏出来,以便使用。建议不使用扑手粉,可以自己准备一只尼龙或丝织手套。

十九、球杆尾托

球杆在不使用时,或者击球休息时,经常由尾端着地,容易磨损,而且着地力量较大时,还产生噪音并容易引起球杆变形。为此有的球杆在尾端有一个橡皮的半圆托,用它作为缓冲。尾托有两种形式,一种是插在尾端,一种是套在尾端。前者易脱落,最好是用胶粘牢。后者不要求尾端有洞,所有球杆均能使用。市场售的球杆有的尾端不带尾托,宜补加。但是要注意加了尾托,不要超过原来球杆直径,否则将无法使用通用加长杆。

二十、台球瞄测练习器

台球瞄测练习器的主体部分是一块有一定厚度的硬质绝

缘板,板的一端有一个台球定位缺口,在缺口后面配置一个180°的角度盘,中央为0°,左右各为90°分度,在角度盘的中心有一测角指针,指针的短端指向角度盘的刻度,指针的长端与一测距标尺连动,参见图3。

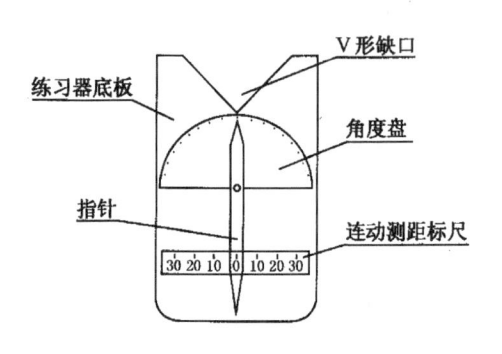

图3　台球瞄测练习器

该练习器能测定主球撞击目标球时各种击球角度的度数,数据以毫米计的瞄准点数据。它能帮助初学者进行基本功的练习,较迅速地掌握击球入袋的基本规律,提高瞄测的准确率。该台球瞄准练习器在北京市的台球服务中心有售。

二十一、台球瞄准测量器

这是作者研制的一个台球瞄准测量器,它有两种用途,一是测量击球角度,同时还可直接指示瞄准点。

这个测量器与前述台球瞄测练习器有点相似,但是没有那样复杂。它是一块带有一个V形缺口的硬质绝缘板,在缺口附近有一个指针,指针的下面有一个分度指示器,参见图4。它和本书提供的目测角度瞄准数据表联合使用,其作用等同于前述台球瞄测练习器的功能,而且数据更为精确。

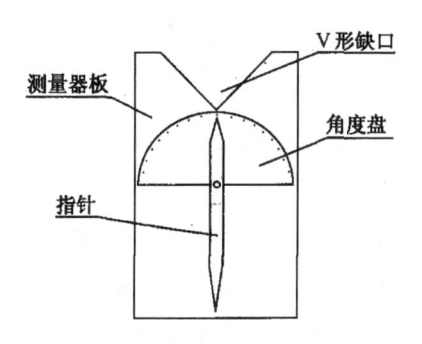

图4 台球瞄准测量器

在本书入门阶段的最后部分,将介绍自制这种台球瞄准测量器的具体方法。

二十二、台球瞄准点吊放器

这儿向读者介绍一种瞄准练习的辅助工具,叫做台球瞄准点吊放器,它是由台座、立柱、横杆和线坠等组成,参见图5。

使用时,将它置于欲击打的目标球附近,使从横杆下垂的

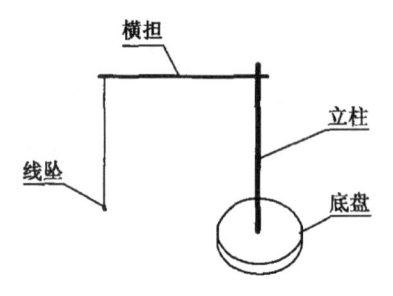

图 5　台球瞄准点吊放器

线坠对准击球瞄准点,即:袋口中心与目标球连线的延长线上半球长度的点,线坠的底部要较一个球的高度稍高,以免影响击球。然后从不同的角度,以线坠为瞄准点,去击打主球,使目标球入袋。通过这种练习,从中体验在不同击球角度时,瞄准点与目标球两者在视觉中的相对关系。该吊放器结构比较简单,读者可以自行制作。

入门阶段

一、入门阶段的目标与要求

本期的目标是使你学会打台球的基本技法,能够进行台球的初步比赛。要求掌握击球的要领,了解主球的主要撞击点位,领会手架的架法、握杆的方法,学会正确的击球姿势,掌握正确瞄准的方法,知晓主眼如何定位及复核方法,能够自我检查击球存在问题,学会几种基本的击球技法,知道击球杆法和力度的分类,了解切击时的投掷效应及其变异、英式斯诺克和美式台球的开球差异,以及球杆的选择与保养。

二、击球的十个环节

本书中介绍的台球比赛,都是要求球员能够连续地将目标球击入袋中,为了使初学者对于击球技术有清楚的理解和形成正确规范的动作,现将每一次击球的过程分解为以下十个环节说明,初学者应注意养成正确的击球姿势和习惯,因为不正确的姿势和习惯纠正起来比较费事,还会影响水平的进一步提高。初学者形成合理的击球动作以后,再进行一些小的技术改进,会使击球技术有较大的提高。不过要谨防经常地改变,经常地改变会使你失去一致性,一致性是任何球员必须保持的重要特性。击球的一致性非常重要,否则你将不能获得一局的胜利以及创造高分纪录。

1.策划

在击球之前,球员首先要选择击打哪个目标球,这决定于台面上球的分布情况和此次击球的目的,是准备进攻,还是防守,或者攻中带守。初学者常常是选择最容易击入的球,而有了一定水平的球员则选择虽然不是最容易打,但却有利于下一步击球入袋的球。

在决定了击打哪个球之后,弯腰击球之前,应该根据主球和目标球的位置,主球走位要求,决定采用击球技法和力度。如果临时改变主意,最好重新站直,拿定主意之后,再弯腰击球,否则容易失误。遇到难打的球时,不要急于采取行动,很多有经验的选手,常常一面给球杆头部上巧克粉,一面进行思考,首先要稳定自己,想清楚解决的办法。

2.击球点

使用球杆击打白色主球的部位,称为击球点,也叫撞点。在主球的正面圆形球面上,以主球半径的二分之一为半径画一圆,该圆与通过圆心的横竖直线和45°的斜线相交于8个点,再加上圆的中心点,共为9个点。可将此9个点作为参考撞点,再以主球半径的五分之三为半径画一圆,该9个撞点应该在这个圆的范围内,这个圆内为安全区,如果撞击点偏离中心太远,超出安全区,将容易出现滑杆或跳球现象,参见图6。此9个撞点的名称为中心、中心上、中心下、中心左、中心右、左上、左下、右上、右下。初学者应按这9个撞点进行击球练习,待技术熟练后,可根据实战需要,选择其他部位击球,以满足主球精确走位的要求。

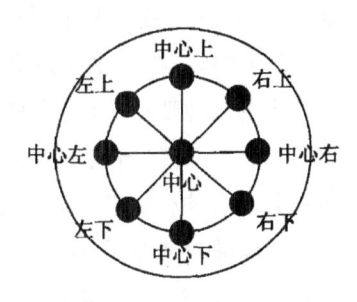

图6 主球撞点分布图

3.瞄准

首先提醒读者要根据个人的视力来决定你的眼睛瞄准位置。

多年来都提倡将球杆放在鼻子下方,以便用双眼瞄准,但是有不少人的双眼视力不相等,如果再用上述方法就不对了。

你必须确知你的双眼视力是否一样,现在介绍一种简便的测验方法。将一块巧克粉放在台面上的一端作为目标,自己站在球台的另一端,用食指指向巧克粉,先用双眼观察,对准目标中心,再遮上左眼,如果这时的指向目标没有变动,你的右眼是主眼。再遮上右眼,如果这时的指向目标没有变动,你的左眼是主眼。如果遮上右眼时,目标向右移动,遮上左眼时,目标向左移动,而且两者移动的大小相等,你的双眼视力相同。

确定了双眼视力不等并以某眼为主时,应该将主眼放在球杆的上方进行瞄准,如果双眼瞄准和主眼单眼瞄准两次瞄准不相同时,也可以以两次瞄准的折中作为瞄准点。

瞄准是击打台球中的最重要的一环,要完成准确的击球,除了握杆、手架、站立、保证球杆笔直地送出外,同时还要求瞄准线与击球方向线完全重合才行。

初学者经常犯的错误是在击球瞬间,眼睛离开了目标球或者闭上了眼睛。这个毛病应该注意防止。

初学者必须通过多次试验和失败,才能取得不同角度的击球感觉,只有经过长期的磨练,眼睛才能判断出正确的击球角度。

首先要抬高身体,观察主球的瞄准点,并将此点作为基本瞄准点。然后,将身体弯下来,瞄准此点并观察目标球将要到达的位置,如果感觉位置有偏差,应该进行一些修正。

4.手架

通常是用左手做成支架,放在距离主球约为20厘米的台面上,把球杆的前端放在该支架上,由右手持杆进行击打。

入门阶段

手架方式有两种,即英式手架法和美式手架法。

(1)英式手架法:是用左手翘起的大拇指和食指的后部组成一个 V 形缺口,其余三指及食指的前端支撑在台面上,参见图 7。由于击打主球部位的不同,要求手架有不同高度,因而支撑在台面的手指与台面就有不同的角度,可以利用掌心距离台面远近来调节。

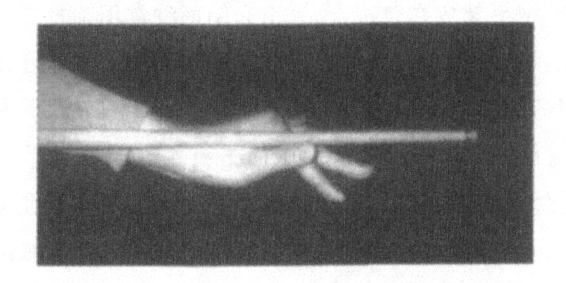

图 7 英式手架

(2)美式手架法:是用左手大拇指与弯曲的食指做成一个椭圆环,其余三指支撑在台面上,参见图 8。

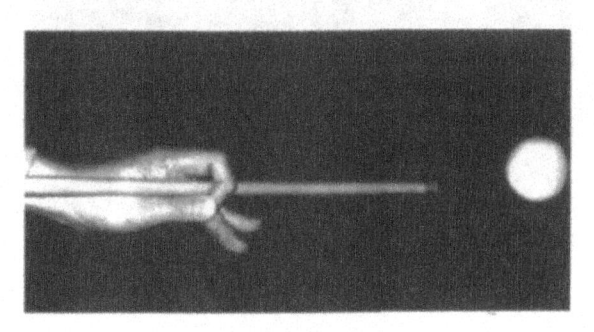

图 8 美式手架

英式手架法可以兼容美式台球比赛，而美式手架法仅适用于美式台球比赛，所以作者极力推荐读者采用英式手架法。

有时主球周围有其他球阻碍时，可将中指、无名指及小指三指插在球的空隙中的台面上，也可使用中指、无名指二指支撑，或者只用中指一指支撑，甚至可以使用空中手架法。

以上是指主球在台中间区域的手架法，当球在台边附近时，需要把手架放在台边上，这里介绍两种常用架杆法。一种是把左手食指和中指平放在台边上，球杆放在大拇指和食指的中间的隙缝上，腕关节降低，在台边平面以下，而手架略微抬高，见图9。球杆擦着台边平面击打主球。这种手架适合用于主球贴着岸边时。另一种是左手中指和食指按在球台边内沿上，食指微弯曲，球杆从两个手指之间穿过，大拇指贴在球杆的左侧，这种手架适合于主球距离岸边较近时采用，参见图10。

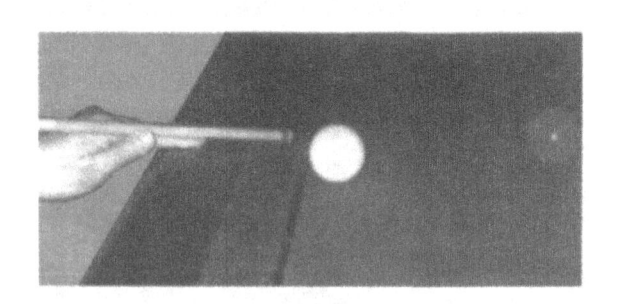

图9　主球紧贴岸边时的手架

入门阶段

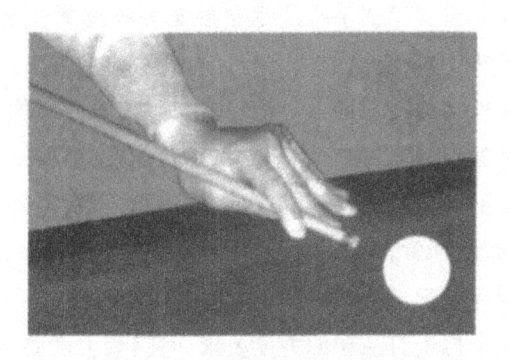

图10 主球稍稍离开岸边的手架

图11是另一种近台手架。此外还有其他多种架法,这儿就不一一列举了。不论采用什么样的手架,都要求支撑牢靠,否则将影响击打的准确性。

图11 主球靠近岸边且击球方向沿着岸边时的手架

手架负责支撑的手指应尽量展宽并牢固抓住台面,越宽则手架越牢,但要感到舒适才行。左臂可直放或弯曲,从肘到手整个左前臂放在台面上更加稳定。手架与两足构成支持身体的三角架,手架必须牢固地支撑在台面上,以保持身体的稳定。手架的稳定能够保证击球的准确性。多次世界冠军得主弗莱德·戴维斯常常由于他的手指压力在台面上留下印痕。

手架还要远近合适、高低适宜并且无阻碍。手架与主球的距离是根据击打主球的力度要求而变化,力度要求较小时,距离就近一些,通常约为 10~40 厘米。要正确放置你的手架,手架距离主球过近,将限制你的姿势,手架距主球太远,将减少你的精确度。这是由于太近,你将没有足够的空间来适当地击球,太远时,杆头移动距离过长将使撞点很难准确。击打远距离目标球时,球与手架宜相距远一些,这样便于清楚地观察击球角度。

在进行不同击打时,要随着撞击点的高低,相应调整手架的高度。特别是随击时,手架偏低容易造成滑杆。可是当缩击时,则要把手架尽量放低,以便能击出强烈的缩击。

手架应干燥平滑,汗手将影响击球的准确性及出杆的速度。为此可以考虑戴上丝织或尼龙的手套。构成手架的手不宜戴手表或手镯。

5.站立

击球之前要将身体站稳,右手持杆击球时,两脚分开,左脚在前,右脚稍后,左脚脚尖朝向身体前方,右脚脚尖朝身体

入门阶段

右前侧,右腿直立,左腿弯曲,两脚相距 30～40 厘米,两脚中心连线与台边成 45°角,身体重心主要放在右脚上,身体感觉要舒适、牢靠和稳定。见图 12。击球时身体不要移动,只是移动右前臂,即从肘部到腕,如果是左手持杆,与前者相反。在特定的情形下,左手击球可能更为方便,所以作者建议你最好练习双手都能击球。较多的球员似乎觉得左手击球很难,其实不难,左手可模仿右手击球动作,用不了多长时间就可追上你的右手的击球水平了。

图 12　站立姿势

6.握杆

世界大师们的握杆手法虽然不尽相同,但是有一点是共同的,那就是在击打主球时能使球杆保持直线运动。

右手握杆的位置不宜过于靠前,距杆尾约为 5～10 厘米,否则向前移动球杆时,容易碰到身体使得击球不稳,无法保持球杆的直线移动。握杆的位置应该随着手架而变化,当球杆接触主球时,握杆的前臂应该正好与地面垂直。有的球员握杆的位置过于靠前,其前臂在击球前就与地面成垂直了,这样在击球时只能前臂向上挥动球杆,因而形成球杆前端上扬的错误动作。握杆的位置靠后时,向前送杆时反而不易左右摆动,而且球杆的运动距离增长,手架距主球的距离也可增大,瞄准更加容易。

中等力量握杆,握杆不能太紧,在较短而轻的击球时可以例外。

现在向读者介绍能使你球杆保持水平击球的现代握杆法,即在球杆后摆以前,使用拇指、食指、中指及无名指握杆,在后摆时将中指和无名指放松张开,参见图13。在向前摆动

图13 球杆后摆时,中指和无名指松开

击出的瞬间,中指和无名指重新握杆,即四个手指突然紧握球杆,见图14,将杆送出。要注意不可使球杆产生偏向摆动。以上握杆方法能确保你的球杆平行于台面击球。

图14 球杆长摆击球时,中指和无名指握紧

7.抽拉准备动作

在击球前所做的准备动作很重要,它可以提高你的注意力,使肌肉和神经都为向前击球做准备,同时还可调整瞄准点。有的初学者抽拉球杆后,又停顿较长时间,这样的击球准备动作是无效的。也有的做短而不连贯的急动,或者将杆过度回拉。正确的应该以一致的速度平滑地往回带,在向前摆以前,在到达后摆的尽端时,应保持稍小于1秒时间的停顿。在击打前要来回短距离地(约5厘米左右)抽动球杆2~3次左右,调整好瞄准点,一方面要判断瞄准已经正确,一方面还

要注意球杆的轴线,即:当采用中杆击球时,球杆的轴线要和瞄准线重合,击球带一定侧旋时,球杆轴线要与瞄准线平行,当瞄准和轴线两个条件满足时,即可将球杆抽回较长的距离,然后平稳地击出。最后抽回距离的大小,要根据需要确定,通常约10厘米或更长,以上操作才能保证出杆撞击点的精确性和所需的力度。

有些球员的直线球不是很稳定,其中一个重要的可能原因,就是仅仅注意了瞄准点,而没有在抽拉准备中注意球杆的轴线是否正确。在抽拉时稍加注意,就能够观察到球杆移动的方向是否与瞄准线重合(中杆时)或平行(侧旋时)。

8. 挥杆

击打前,身体上部应该尽量向下,使得下颏贴近球杆,目测主球被击打后将要行走的路线,即击打后主球将走到什么位置,是否合乎要求,这样能够获得较高的准确性。

上体向下压,右上臂尽量抬高,肘高于臂,这样在出杆时易于保持上臂的稳定。肘部不要朝向外侧,也不要朝向内侧。肘部要保持在球杆的上方,要使用右前臂的摆动来移动球杆,要注意右手腕不要向前上方摆动,否则容易造成挑杆。前臂的摆动要在垂直于地面的平面内,手腕不要向外翻或内翻,手腕要成为前臂的延长部分,挥杆开始时前臂斜向后方,挥杆接触主球时前臂垂直于地面。见图15。当挥杆击球后,球杆应该位于击球前同一水平面上,仅仅是向前移动了一定距离而已。有些初学者常常是击球后球杆已经高高扬起,这是挥杆

入门阶段

动作错误所致。

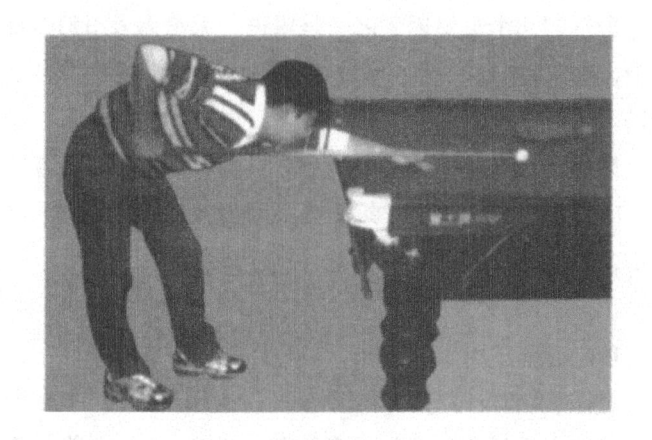

图15 球杆撞击主球时的瞬间,前臂与地面垂直

不要养成坏的击球毛病。如某位球员在初始打球时,自己盲目地击球,养成一种坏的击球毛病,握杆过于靠前,击球出杆时握杆的手、肘部和上臂整体往下压,杆头因而向上挑起,这是很不好的击球杆法。以后虽然对他多次进行纠正,费了很大力气也改不过来。所以初学者在开始打球时,一定要参考台球书籍或请教台球高手,掌握正确的击球方法,这是非常重要的。肘臂向下压的击球方法有很多缺点,容易出现滑杆或空杆,击球稳定度较差,力度也不容易控制。

9.跟进

击打的几个重要因素之一是跟进。无论你采用随击还是缩击,球杆尖端在击打主球后,球杆千万不要急停,要自然地跟进。

另外,当跟进时,杆头永远不要抬高。跟进距离通常为10~15厘米。缩击时,则要根据实际需要,改变跟进距离的大小,跟进一定要笔直。不要向左或向右偏斜。

10.收杆

身体、手架及球杆在球击出后,仍应保持不动,主球击打到目标球之后再移开。初学者易犯的毛病,一是不能平稳地送杆,二是急忙把手架撤掉,身体马上抬高,把球杆扬起来。这样既容易引起击打误差,又易形成兜打主球下部的错误击球习惯。

三、击球时的总体要求

平静地击球。有人在友谊比赛时打得很好,正式比赛时却打得不好。这是由于神经紧张影响了前臂动作。在击球时保持平静特别重要。

出杆时,全身和右手及手臂应尽量放松,很自然地击出。要注意出杆不要太猛,这个毛病是初学者的通病,要注意不要养成习惯,否则纠正困难。出杆不要太快,应该在身体稳定下来之后再击球。

要经常保持球杆杆身的光滑,以免出杆时受阻,影响击球的准确性,所以选手常常使用擦布来擦抹球杆,并要定时给球杆杆身打蜡。作为支架的手也要保持光滑,理由同上。

杆头光滑容易造成误击。每次击球前,要对球杆的皮头轻轻涂上一层巧克粉,要涂匀,但不要太多,以免影响摩擦性能。

击球时身体要保持左右平衡,要注意养成自己的自然的舒适姿势,不要模仿名手姿势,球杆稍微贴着身体的侧面,能够保持击打的一致性。

初学者常常询问击球时最后应该观察主球还是目标球。在击球之前,要反复观察主球与目标球和袋口,但是确定了瞄准线以后,在挥杆击球最后瞬间应该集中注意于主球。初学者有时击出空杆或滑杆,这是因为他们最后只顾观察目标球的缘故。

注意衣服不可过紧,以免影响击杆动作,衣服不可有斜的袋口,否则可能会影响杆的移动。

击打时要注意安全,有的球台外边沿有锋锐的棱角,当你大力击球,特别是在美式开球时,很容易把手割破。

四、瞄准方法

1.标准瞄准法

假定你已经掌握了使用球杆击球的基本技法,就应学习击打主球撞击目标球使其落袋的瞄准法了。其基本原理是:

击打主球在撞击目标球时,使主球的中心和目标球的中心的连线的延长线正好通过袋口的中心。你可以想象自袋口中心 E 与目标球的中心 D 作一条平行于台面的连线 ED(图 16),该线的延长线穿过目标球,将该延长线和球面相交的点 C 作为参考点,然后,自参考点在延长线再加上相当于主球的半径处的一个新点 B,假设你击打主球的中心点时,这个新点即为瞄准之点。

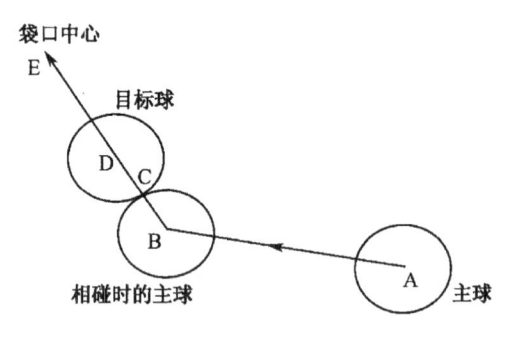

图 16　标准瞄准法原理图

但是,在延长线上准确地截取一段相当于球的半径长度的点,并不是很容易做到的。这个相当于球的半径的线段,随着击球角度的不同,该线段在眼睛的视角也有所不同。也就是说,该线段的长度在眼睛中的大小也跟着变化。当主球非常薄地撞击目标球时,即击球角为 90°时,该线段两端在眼睛中的视角为最大,即该线段在眼睛中的长度表现为最大。当击球角由 90°逐渐减小变为锐角时,该线段的视角也逐渐减小,即该线段在眼睛中的长度逐渐减小。当击球角为零时,此视角变为零,即该线段在眼睛中的长度变为零。这儿为初学者提供一种掌握瞄准点的辅助方法,即将一个球的底部涂上一点白粉,将其放置在要打的目标球旁边,紧贴目标球,使其正好在袋口中心点和目标球的中心连线的延长线上。也就是说,这个球的位置即是你击打主球要到达的位置。然后,把该球取走,球台上面留有白粉的痕迹,此点即是主球的瞄准点,不过你要使用正侧旋击球,理由参见投掷效应及其变异一节。经过对不同击球角的上述摆放,你将逐渐掌握各种击球角的准确瞄准点。你也可使用台球瞄准点吊放器,那将更加方便快捷。

2.直角三角形瞄准法

另外一个瞄准的方法是本人发明的直角三角形瞄准法,它可以帮助初学者快速准确地掌握击打点,想象中有一个BCD直角三角形。参见图17。

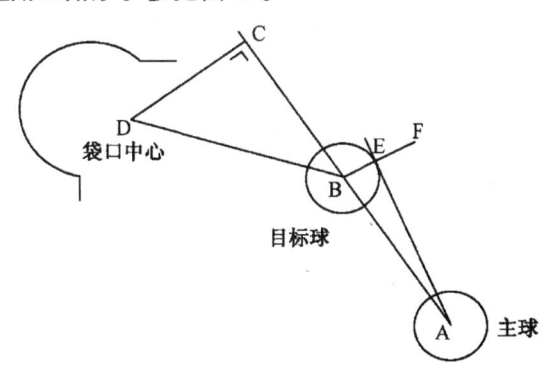

图17 直角三角形对边比邻边瞄准法原理图

将主球中心 A 与目标球中心 B 之间连线并延长,由袋口中心 D 对此延长线作一条垂直线,相交于 C,袋口中心 D 与目标球中心 B 作一连线,以上将构成一个 BCD 直角三角形。自主球中心与欲撞击目标球的另一侧作一条切线,与目标球相切于 E,自目标球中心 B 与该切点 E 引一线并延长至 F,所有的瞄准点均在此 BF 线上。直线三角形 CD 一边为对边,直角三角形 BC 一边为邻边,当你击打主球的中心点时,你只要以对边 CD 的长度为单位长度,然后看一下它与邻边 BC 的比值,即可决定击打目标球的瞄准点,其不同比值的瞄准点参见表 1 和表 2。表 1 为斯诺克台球使用的表,表 2 为美式台球使用的表。这是由于斯诺克台球和美式台球的大小不同所致。

表 1 斯诺克台球直角三角形对边比邻边瞄准点参考表

直角三角形 对边:邻边	内手球瞄准点 目标球边缘外 (毫米)	外手球瞄准点 目标球边缘外 (毫米)
1:1	20	24
1:1.25	11	17
1:1.5	8	11
1:1.75	7	8
1:2	6	7
1:2.5	2	5
1:3	1	3
1:4	-2	2

注:-2 代表目标球边缘内 2 毫米。

表 2　美式台球直角三角形对边比邻边瞄准点参考表

直角三角形 对边:邻边	内手球瞄准点 目标球边缘外 （毫米）	外手球瞄准点 目标球边缘外 （毫米）
1:1	26	27
1:1.25	20	24
1:1.5	10	12
1:1.75	9	10
1:2	8	9
1:2.5	4	7
1:3	2	3
1:4	0	1

上述两表是作者由实际试验得出的。表中列出了内手球和外手球的瞄准数据，读者可参考内手球与外手球的瞄准点差异的检查一节的解释，并结合自己的击打结果进行修正。如果球台上用目测的直角三角形，其对边与邻边实际的比值，不等于表中所示比值时，可比照相近的比值按比例进行调整。

当对边比邻边较 1:4 还小时，可使用另外一个简便的规律来进行瞄准。参见图 18。

假设自主球中心与袋口中心连一条直线，然后自主球中心作一条与此线相垂直的线，该线与主球外径相交于两点

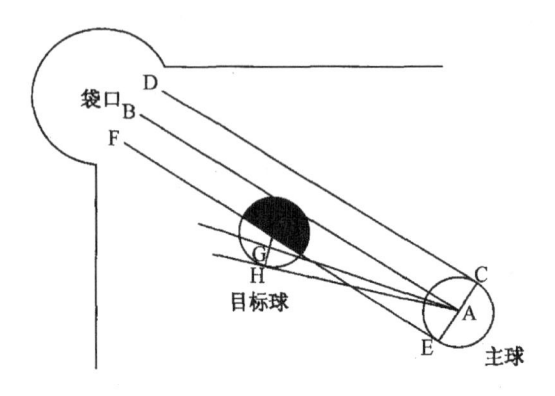

图18 直角三角形小角度时补充瞄准法

CE,自此两点作两条平行于主球和袋口的连线 CD 和 EF。此时,观察在此两平行线是否切割到目标球,如切割到目标球,要查看切割到球体的大小,来决定瞄准点。自主球中心作一条直线与目标球未被切割的部分相切于 H,自此切点 H 与目标球中心作一条连线,瞄准点即在此半径线段上,该切点实际就是目标球的外边缘。如切割到球体的 1/4 时,则瞄准点为与目标球切点 H 相距 1/4 半径处,如切割到球体的 1/2 时,则瞄准点为与目标球切点 H 相距 1/2 半径处,如切割到球体的 3/4 时,则瞄准点为与目标球切点相距 3/4 半径处,其余可依此类推。当切割到全部球体时,则瞄准点为与目标球切点相距整个半径处,即为目标球中心。由于图中切割部分比半个球多一些,所以瞄准点在 G 点。请读者注意,这个瞄准补充法,不是十分精确,因为目标球距离主球远或近时,虽然切割

入门阶段

的部分相等,瞄准点显然不同。

当你使用上述方法比较熟练后,在依此法找到瞄准点时,可左右微微摆动球杆移动瞄准点,会感到目标球将要行走的路线,那时你就可以更加精确地击球了。

以上所述都是按照击打主球的中心点而言,如果击打点偏离中心,则应根据偏离距离的大小进行相应修正。

特别要说明的是,以上的方法既适用于英式斯诺克台球,也适用于美式台球,虽然它们所使用的台球的大小不同。

3. 重合度瞄准法

这里介绍根据不同角度采用不同重合度来瞄准。通常重合度瞄准法大致可分为全重合、7/8 球、5/6 球、4/5 球、3/4 球、2/3 球、1/2 球、1/3 球、1/4 球、1/5 球、1/6 球、1/8 球等几种。

全重合,即主球中心和目标球中心重合,4/5 球即主球与目标球重叠部分为 4/5,2/3 球即主球与目标球重叠部分为 2/3。其余类推。

主球与目标球相撞后,采用不旋转击,即撞击主球中心时,两者与击球方向线所成的夹角并不相同,随着击球角度的不同而变化。这个夹角叫做分程角,了解这个特性有助于主球的走位。

重合度瞄准击打时,其击打方向和目标球的分程角参见图 19。

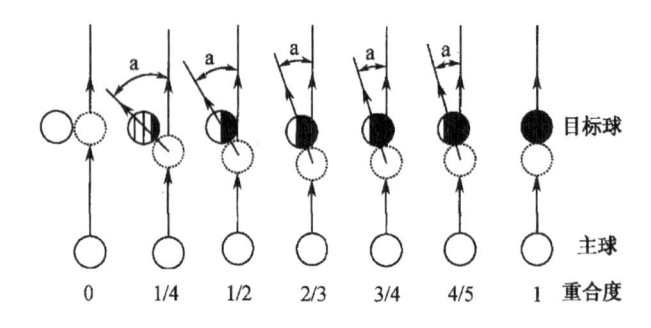

图19 重合度瞄准法的重合度示意图

在图中仅列出了少数几种,图中的角a为目标球的分程角,各种重合度的目标球分程角的数据如表3所示。有的书籍中将分程角说成是分离角,这是不妥的。

实际上这种瞄准方法,首先要按照前面介绍的标准瞄准法,判断一下初步的瞄准方向线与目标球中心和袋口中心连线所成的夹角是多少,然后选择相应的重合度来击打主球。

根据几何学和三角函数原理,对目标球的分程角计算公式进行推导。在图20中,A点为主球中心,C点为目标球中心,AC的连线指向袋口,ABC为直角三角形。击球角即目标球的分程角为a。左图中,重合度为2/3,右图中重合度为1/3,B点为瞄准点,BC线段为瞄准距离。

在左图中,BD = CE = 球的半径R,DE = 2R/3。

因为 BC = BD − CD = R − CD,DE = CE − CD = R − CD,所以 BC = DE = 2R/3。

入门阶段

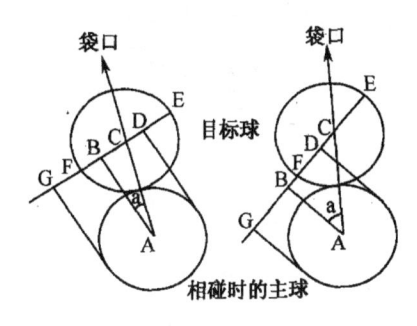

图20 重合度瞄准法瞄准点与分程角的几何关系

斜边 AC 等于 2R,SIN(a) = 2R/3/2R = 1/3 = 1 - 2/3。

所以,角 a 等于 INVSIN(1 - 重合度)。

在右图中,已知 FD = 2R/3, DC = R - 2R/3,

BC = BF + FC = BF + R = BD + DC = R + DC,所以,BF = DC,

BC = R + BF = R + DC = R + R - 2R/3 = 2R - 2R/3 = 6R/3 - 2R/3 = 4R/3

SIN(a) = BC/AC = 4R/3/2R = 2/3 = 1 - 1/3

所以角 a 等于 INVSIN(1 - 重合度)。

因此,重合度瞄准法的分程角的计算公式可以归纳如下:

目标球的分程角 = INVSIN(1 - 重合度)

上式中 INVSIN 为反正弦函数,重合度为分数,例如 1/3、1/5、4/5 等。

例如:重合度 4/5 球的分程角 = INVSIN(1 - 4/5) = 11.5
　　　重合度 1/5 球的分程角 = INVSIN(1 - 1/5) = 53

根据上式计算的目标球分程角如下表。

表3 重合度的分程角

重合度	主球分程角(度)	目标球分程角(度)
全球		0
7/8		7
5/6		9.5
4/5		11.5
3/4		14.5
2/3		19:5
1/2	60	30
1/3	48	42
1/4	41	49
1/5	37	53
1/6	34	56
1/8	29	61
擦边球	0	90

表3适用于美式和英式两种,因为推导原理相同,都是以相对半径来计算的,与绝对半径无关。表中主球的分程角是假设大力击打主球中心,主球与目标球的分离角是90°,因而利用90°减去目标球的分程角得来的。当重合度大于1/2时,即使大力击打主球中心,主球与目标球的分离角也不是90°,所以主球的分程角未列。7/8、1/8、5/6、1/6等项是作者补充的,读者根据需要,按照计算公式可自行补充其他数据。

为了方便读者,作者将角度瞄准数据表的数据转换到重合度瞄准法中,有关数据分别见补充表4和表5。由于错开和重叠的数据是以绝对毫米计,因而与球的大小有关,所以美

入门阶段

式和斯诺克两者略有不同。

表4　美式台球重合度的目标球分程角补充表

重合度(毫米)	目标球分程角(度)
错开 1	1
错开 20	20
重叠 10	55
重叠 8	60
重叠 5	65
重叠 3	70
重叠 1	80

注：错开指主球与目标球不完全重合，表中错开1~20毫米时，对应的角度为1°~20°，即为直线正比。

表5　英式斯诺克台球重合度的目标球分程角补充表

重合度(毫米)	目标球分程角(度)
错开 1	1
错开 5 -	5
错开 5 +	6
错开 14	15
重叠 9	55
重叠 7	60
重叠 5	65
重叠 3	70
重叠 1	80

注：表中错开1~5-毫米时，对应的角度为1°~5°，错开5+~14毫米时，对应的角度为毫米数加1，即6°~15°。

4.目测击球角度瞄准法

现介绍另一种瞄准方法,它是根据使用眼睛观察,判断主球和目标球形成的击球角的度数是多少,来决定瞄准点。如果击球角度判断准确,则根据作者在本书中提供的瞄准数据表,将能准确地击球入袋。它的原理是这样的,它也是根据标准的瞄准方法推导出来的。如图 21 所示。

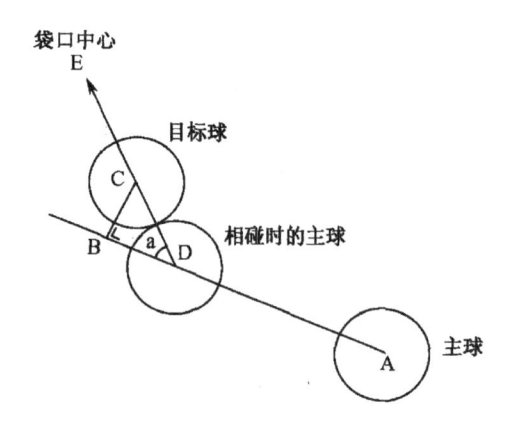

图 21 角度瞄准法的角度与瞄准点的几何关系

袋口中心点 E 和目标球中心点 C 之间连线 CE,D 点在 CE 的延长线上,CD 的线段长度等于台球的直径,主球中心点 A 和 D 点的连线之延长线段 AB 和 CD 之间的夹角即为击球角,自目标球中心作一条垂直于 AD 延长线的垂线 BC。将主球中心击打到 D 点时,目标球将落袋。这个击球角与瞄准点

入门阶段

有什么关系呢？是否有精确的规律可循呢？如图中所示，瞄准点距目标球的中心的长度即线段 BC 与击球角组成一个直角三角形，此三角形的斜边正好是台球的直径，设击球角为 a，线段 BC 可以用下式求出：

BC = 台球的直径 × sin(a)

斯诺克台球的直径为 52.5 毫米，美式台球为 57 毫米，角 a 的可能值为 0°～90°，据此将台球的有关瞄准数据计算出来，英式斯诺克台球的数据列于表 6 中，美式台球的数据列于表 7 中。

目测击球角度在角度很小时，也可使用主球中心和目标球中心之间的连线与目标球中心和袋口中心之间的连线形成的夹角，作为近似的击球角来测算。

使用此种瞄准方法时，问题不在于记住瞄准数据，而是如何准确地目测角度，因此需要使用目测击球角度测量器，在目测后，使用该器进行核对。如此反复练习，直到目测很准时为止。

使用击球角度测量器时，先将该器的指针调到 0°，然后用手按住目标球，将该器的缺口紧紧卡住目标球，使指针短端对准袋口中心，然后拨动指针，使指针的长端指向主球。此时指针的短端所指示的度数，即为击球角度，短端所指方向即为瞄准点。因此初学者可以利用它来测量击球角度，又可以用它来直接指示瞄准点。

为了提高目测击球角度的准确性，可以自己制作有各种角度的硬纸片。例如以 5° 为单位，从 5°～90° 的硬纸片，纸片的背面注明该纸片的角度,应该做到抽出任意一个纸片,就能准确地判断该纸片的角度。之后,在球台上先用目测击球角度是多少,再用击球角度测量器加以复核,如果两者一致的话,说明目测已符合要求,以后可目测角度后,直接用数据表中的数据,进行击球入袋加以检验。

目测较小的角度一般准确度较高,大角度时误差较大。为提高大角度时的准确度,即在瞄准点处想象中作一条与目标球和袋口之间的连线相垂直的线,然后观察此线与击打方向线之间的角度是多少,由于观察的是小角度,所以容易准确,再用90°减去此角度,所得余数即为击球角度。

表6 斯诺克台球目测击球角度瞄准数据表

(球的半径按26.25毫米计算)

击球角(度)	瞄准点(毫米)	击球角(度)	瞄准点(毫米)
0	0		
1	1	46	+ 12 -
2	2	47	+ 12
3	3	48	+ 13 -
4	4	49	+ 13
5	5 -	50	+ 14 -
6	5 +	51	+ 15 -
7	6 +	52	+ 15 +
8	7 +	53	+ 16 -
9	8 +	54	+ 16 +
10	9	55	+ 17 -
11	10	56	+ 17 +
12	11	57	+ 18 -

入门阶段

13	12	58	+ 18 +
14	13 −	59	+ 19 −
15	14 −	60	+ 19 +
16	14 +	61	+ 20 −
17	15 +	62	+ 20 +
18	16	63	+ 21 −
19	17	64	+ 21 −
20	18	65	+ 21 +
21	19	66	+ 22 −
22	20 −	67	+ 22
23	21 −	68	+ 22 +
24	21 +	69	+ 23 −
25	22	70	+ 23
26	23	71	+ 23 +
27	24	72	+ 24 −
28	25 −	73	+ 24
29	25 +	74	+ 24 +
30	26.25	75	+ 24 +
31	+ 1 −	76	+ 25 −
32	+ 2 −	77	+ 25 −
33	+ 2 +	78	+ 25
34	+ 3	79	+ 25 +
35	+ 4 −	80	+ 25 +
36	+ 5 −	81	+ 26 −
37	+ 5 +	82	+ 26 −
38	+ 6	83	+ 26 −
39	+ 7 −	84	+ 26
40	+ 7 +	85	+ 26
41	+ 8 +	86	+ 26 +
42	+ 9 −	87	+ 26 +
43	+ 10 −	88	+ 26 +
44	+ 10 +	89	+ 26 +
45	+ 11 −	90	+ 26.25

注:表中瞄准点数据1是指距离目标球中心1毫米,数据+1是指距离目标球的球体外1毫米,数字后面的+符号表示稍多一点,-符号表示稍少一点。表中的数据为理论数据,斜线击球角度等于半球或更大时应考虑投掷效应。参见切击的投掷效应及其变异一节。

表7 美式台球目测击球角度瞄准数据表
(球的半径按28.5毫米计算)

击球角(度)	瞄准点(毫米)	击球角(度)	瞄准点(毫米)
0	0		
1	1	46	+13-
2	2	47	+13
3	3	48	+14-
4	4	49	+15-
5	5	50	+15
6	6	51	+16-
7	7	52	+16+
8	8	53	+17
9	9	54	+18-
10	10	55	+18+
11	11	56	+19-
12	12	57	+19+
13	13	58	+20-
14	14-	59	+20+
15	15-	60	+21-
16	16	61	+21+
17	17-	62	+22-

入门阶段

18	18 –	63	+ 22 +
19	19 –	64	+ 23 –
20	20 –	65	+ 23 +
21	20 +	66	+ 24 –
22	21	67	+ 24
23	22	68	+ 24 +
24	23	69	+ 25 –
25	24	70	+ 25
26	25	71	+ 25 +
27	26	72	+ 26 –
28	27	73	+ 26
29	28	74	+ 26 +
30	28.5	75	+ 27 –
31	+ 1 –	76	+ 27 –
32	+ 2 –	77	+ 27
33	+ 3 –	78	+ 27 +
34	+ 3 +	79	+ 27 +
35	+ 4	80	+ 28 –
36	+ 5	81	+ 28 –
37	+ 6 –	82	+ 28 –
38	+ 7 –	83	+ 28
39	+ 7 +	84	+ 28 +
40	+ 8	85	+ 28 +
41	+ 9	86	+ 28 +
42	+ 10 –	87	+ 28 +
43	+ 10 +	88	+ 28 +
44	+ 11	89	+ 28 +
45	+ 12 –	90	+ 28.5

本表中的数据解释同上表。表中的数据为理论数据,斜线击球角度等于半球或更大时应考虑投掷效应。参见切击的投掷效应及其变异一节。

5.夹角瞄准法

自主球中心与目标球中心作一条连线并延长之,自目标球中心与袋口中心作一条连线,根据此二连线的夹角的大小来决定瞄准点。参见图 22。

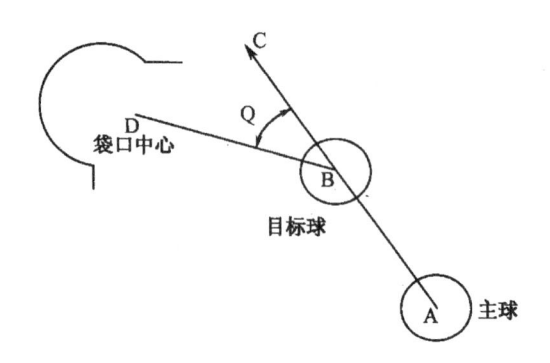

图 22 夹角瞄准法原理示意图

此瞄准法在掌握了其他瞄准法、有了一定的瞄准经验以后,再采用比较适宜。这个方法首先是用球杆对准主球中心和目标球中心,然后观察球杆所指方向与目标球和袋口中心连线的夹角,来决定瞄准点,再利用基本瞄准方法来调整一下。这个方法主要凭借经验和感觉,也可以在某个夹角下试

入门阶段

击目标球入袋,如有偏差,调整瞄准点,最后找出准确瞄准点。此法不进行任何形式的计算,速度快,既准确又节省精力,便于在长时间比赛中保持旺盛的精力。

6.碰撞点瞄准法

这种瞄准方法是标准瞄准法的变种,即,从袋口中心 D 作一条直线,穿过目标球中心 C,直到目标球的边沿,该直线与目标球边缘最后相交的点即为碰撞点 B,击打主球与该点碰撞时,主球与目标球的中心连线正好对着袋口中心。因此目标球将被击落袋中。参见图 23 和图 24。从下面两图可以看出,无论击球的角度大小,主球与目标球在碰撞点相撞时,两者的中心连线正好指向袋口中心。这种瞄准法的碰撞点比较容易判断准确,如何令主球与目标球碰撞时,正好两者的中心连线指向袋口中心,则要求具有一定的经验与技巧。不过这个碰撞要求正好符合击球要领,即要预感到目标球的走向,所以这种瞄准法的成功率很高。这种瞄准法判断迅速,也是可取的瞄准法之一。

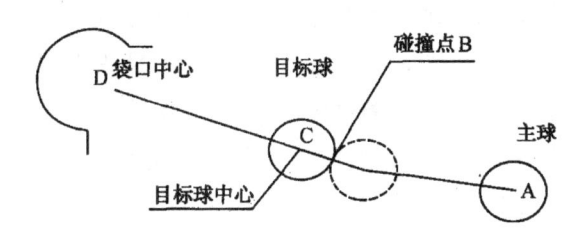

图23 碰撞点瞄准法示意图

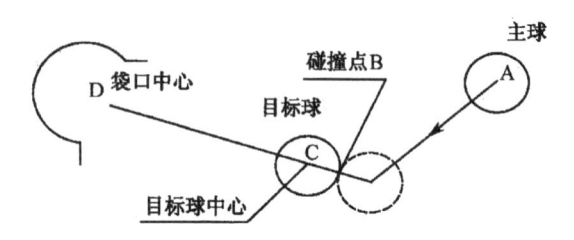

图24　碰撞点瞄准法大角度击球示意图

7.各种瞄准方法的比较

标准瞄准法是最为基本的,其他的瞄准法都是从此基础上发展变化而来。

重合度瞄准方法分辨的角度较粗,不能满足台球瞄准的精密要求,经过作者对分程角计算公式的推导,对多种角度进行补充之后,一般也可满足需要。对于某些较大或较小的击球角度,它更具有独特之处。

目测角度瞄准方法虽然可以分辨得很细,但观测误差也较大。它在小角度时比较实用,因为小角度比较易于观测。它的瞄准数据也很好记,已知击球角度数时,美式台球可直接转换为毫米数,斯诺克台球只需要将角度数字减去1或2,即为瞄准距离目标球中心的毫米数。例如,目测击球角度为20°,美式台球的瞄准距离目标球中心为20毫米,斯诺克台球的瞄准距离目标球中心为20减2等于18毫米。

夹角瞄准法必须具有一定的经验以后方可采用。

碰撞点瞄准法比较简单易学,无须判断击球角度是多少,无须记忆任何数据,而且成功率比较高。小角度击球时,碰撞

入门阶段

点瞄准法似乎更容易判断一些,建议初学者选择这种瞄准法。

直角三角形瞄准法判断瞄准点有点另类,当采用其他瞄准法感觉信心不大时,可以用它作为参考。

在使用标准瞄准法时,如感到瞄准瞄得不对,可利用其他瞄准法进行辅助核对,这样会增加瞄准的准确性。

利用角度瞄准法的数据,以重合度瞄准法进行瞄准,这种做法效果不错。因为角度瞄准法的数据较精确,例如在20°以下时,可以直接转化为毫米数,但是距离目标球的中心多少毫米,不易判断很准,如改用主球与目标球错开若干毫米,将比较容易。当角度较大时,自目标球的边沿加上较大毫米数时,也不易判断精确,可是如果改用与目标球重叠较小毫米数时,却容易做到比较精确。这种以标准瞄准法为主,并以目测角度进行核对,最后以错开或重叠若干毫米数来进行瞄准的方法,笔者姑且命名其为综合瞄准法。

五、切击时的投掷效应及其变异

有一定经验或者细心的初学者会发现,在薄击目标球时,要较理论的瞄准点还要薄一些,或者采用适当的正杆侧旋球,才能把目标球击入袋中。这是什么缘故呢?原来它是由于投掷效应在作怪。在简单的切击(即斜线击球),两球之间产生的摩擦力,使目标球向前投掷,如图25所示。这就是切击的投掷效应。为了补偿这个效应,可以采用两种方法,一种是要较理论几何所提示的切击点击得更薄一点。另一种是利用外侧旋球（即正杆）来消除，它使得主球向相反方向滚动目标球。以适当的外侧旋量，将使目标球沿着主球与目标球相碰点的相反方向前进。

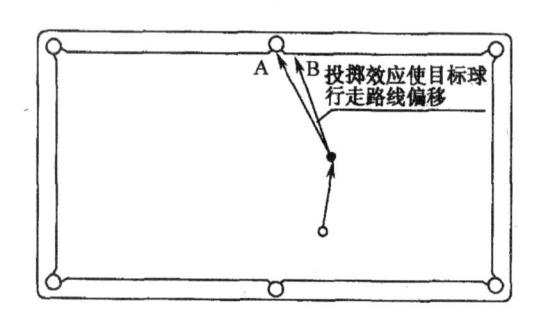

图25 切击时由于球间摩擦产生投掷效应示意图

有污的球比干净的球的投掷效应更大，由于它们之间的摩擦力增大缘故。投掷效应与台布无关。平均来说，最大的投掷效应大约有 6°。最大的投掷效应发生在半球击的时候。

投掷效应随着击球力度而变化，柔和的力度击球时投掷效应较小，大力击球时投掷效应增强，如图 26 所示，采用同样瞄准点击球，当击球力量较小时可使目标球入袋，如果击球力量很大时，目标球将向前投掷。

球间湿的接触点几乎没有投掷效应，因为它把摩擦减少到零。球间接触点有巧克粉时，将增加摩擦力，投掷效应增加较大。因此要注意保持主球与目标球表面的清洁。比赛中间如果发现这种情形，选手可以请裁判予以处理。

入门阶段

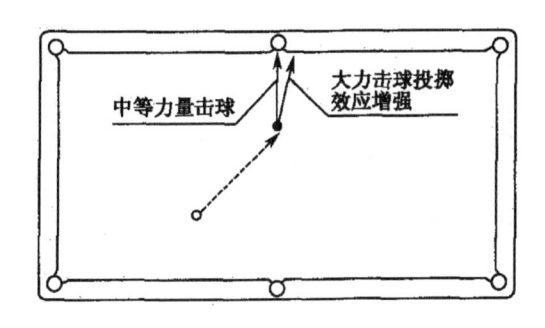

图26 击球力度增大投掷效应增强

六、内手球与外手球瞄准点差异的检查

初学者认为台球比赛的外手球比较难打,根据本人的体会,外手球之所以难打,是由于击打规律与内手球有些差异,可能是由于选手的视觉和出杆的差异造成的,必须按照内手球的规律进行一些修正。下面提供一个简便的检查内手球和外手球瞄准点差异的方法:把目标球放在球台前半台的中央,把主球放在后半台的中央或发球线的中点,然后用中杆击打主球,采用对称的相同瞄准点,分别送目标球进左右顶袋中,参见图27和图28。在图27中,是用主球撞击目标球进入左角顶袋,右手持杆时是击打内手球。

根据上节所述,此时的直角三角形的对边比邻边是1∶1。如果是斯诺克台球,从表1中可查出瞄准数据为目标球的边缘外20毫米。按照这个瞄准点击球,即击打主球的中心撞

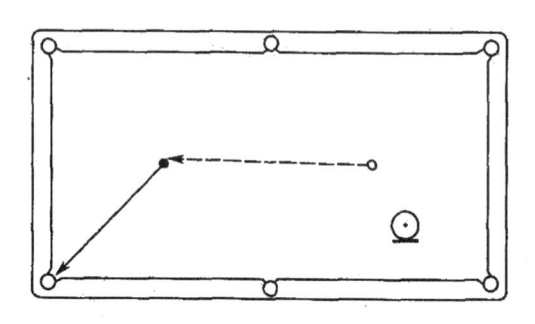

图 27 击打内手球的瞄准点检查举例

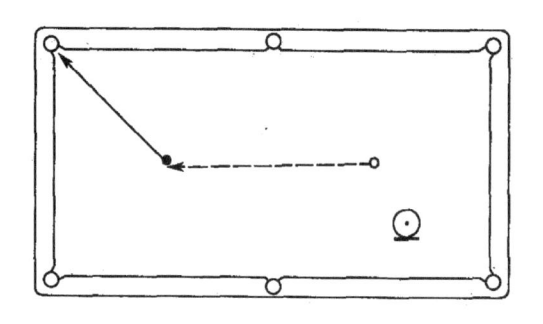

图 28 击打外手球的瞄准点检查举例

点,使主球朝着目标球右侧边缘外 20 毫米处行进。如果主球的行进方向正确,但目标球却未能打进时,可修正瞄准点直至将目标球打进为止。例如在 19 毫米处将球打进,这时你应按照图 28 来击打外手球,即送目标球入右角顶袋。瞄准点应采用目标球左侧边缘外 19 毫米处。如果能将目标球送入右角顶袋中,说明你的内手球和外手球的瞄准点对称,表明你的内

入门阶段

手球和外手球没有差异。如果内手球能将目标球送入袋中,而外手球采用相同的对称瞄准点,却进不了袋中,这就说明你的内手球和外手球有差异,必须对击打动作进行纠正或对瞄准点进行修正。如果你肯定了自己的内手球与外手球有差异,在所有的瞄准方法中,都必须注意进行修正。

内手球与外手球的瞄准差异与击球角的度数成正比,即击球角的度数较小时,两者差异较小,击球角的度数较大时,两者的差异较大。参见前一节中的表1和表2。

七、台球的击球要领

台球与步枪射击有些近似。步枪射击的要领是三点成一线,即右眼放在枪身的上方,通过枪口上的准星瞄向靶心,当三者在一条线上时,在保持枪身平稳的情况下,即可扣动扳机进行击发,这样即可击中靶心。步枪射击要保证上下左右都不能偏差,而台球就比较简单。因为台球是在球台上光滑地滚动,不存在上下对准的问题,它主要保证不发生左右偏差即可。台球的球杆杆身相当于射击的枪身,球杆的杆头相当于步枪的准星,主球相当于射击的子弹,目标球的瞄准点相当于射击的靶心。如果是直线中杆击球时,即是用主球的中心去撞击目标球的中心,此时主眼要放在球杆上方,球杆杆头与球杆轴线要对准主球中心,当主眼与杆头和目标球中心成为一条直线时,此时球杆笔直地送出,就能够将目标球打入袋中。

另外一个要领是"目标球运动方向的感觉",简称为"球感"。也就是在每次击球前,要想象击出的主球在碰到目标球后,目标球将要运动的方向,如果只是根据判断,确定瞄准点来击球,那是不大可靠的,必须有"球感"后,目标球将要运动的方向与要求的方向一致时,击出的球方能得到满意的结果。

世界大师龙尼·奥萨里文和国手丁俊晖、庞卫国等都凭着感觉打球,国手蔡剑忠则认为瞄准点和感觉都有。作者建议读者首先根据判断,找出瞄准点,然后再凭感觉进行精细调整,这样做比较稳妥。单凭瞄准点或者单凭感觉,都可能出现失误。

八、如何正确地进行瞄准

瞄准是击打台球中的最重要的一环,要完成准确地击球,除了你的握杆、手架和站立保证球杆笔直地送出外,同时还要求你的瞄准线与球杆击球运动方向线要协调一致,在击打中杆球时两者要完全重合才行。而击打侧旋球时两者要完全平行,这是因为此时球杆中心轴线偏离主球中心,球杆运动路线与主球中心和瞄准点间的连线并不重合,只是平行。有些球员不会正确地瞄准,今以击球角度30°时为例加以说明。当使用中杆时,其瞄准点是目标球的边沿外一点,采用正杆侧旋时,瞄准点是目标球的边沿,无论使用中杆或正侧旋击球时,都是主球中心对准瞄准点,而不是球杆轴线对准瞄准点。当击球角度较小时,可用主球边沿与目标球边沿错开几毫米进行瞄准。当击球角度较大时,可用主球边沿与目标球边沿重叠几毫米进行瞄准。

入门阶段

九、如何确保主眼定位在球杆上方

主眼必须放在球杆上方,才能准确击球入袋,如果你的头部悬空在杆上时,容易产生眼睛部位偏左或偏右的误差,这将严重影响击打的准确度。所以双眼视觉平衡的球员一般都将下巴贴在杆上,如果是单眼为主,也要将下巴贴在杆上,但是要偏离下巴中心一定距离,如果右眼是主眼,应该将下巴的右侧贴在杆上,如果左眼是主眼,应该将下巴的左侧贴在杆上。下巴贴着球杆除了能比较精确地将眼睛定位在球杆的正上方外,还使眼睛观察位置较低,因而能比较精确地判断撞击主球的部位。不过利用下巴定位时,头部不能歪斜,否则眼睛的位置将不正确。有些球员由于年龄较大,可能下巴贴在杆上有困难,也可短暂地用下巴贴一下球杆,然后头部再抬高,这样就比较容易让主眼定位在球杆上。

读者会提出这样的疑问,有的球员主眼不在杆上,为什么击球也很准确。是的,有人虽然主眼不在杆上也能击球入袋,而且某些时候击球成功率也很高,但是他的这种状态不会很稳定,他的击球水平很难大幅度提高,这是由于他的击球基础不是很牢固的缘故。

十、如何复核主眼位置

如果你的主眼是右眼,瞄准时可以闭上一下左眼,来检查右眼是否正在球杆的上方。如果闭上左眼时,目标球与袋口的相对位置没有变动,这时瞄准正确。如果闭上左眼,目标球朝向袋口右边移动,这说明你的主眼是在球杆的左边一点,你要将头部稍向右移。如果目标球是朝着袋口左边移动,则要朝着相反方向修正。同时采用下巴定位和闭上左眼复核两种方法,可使瞄准的准确度大幅度提高。当你使用架杆时,则只能利用单眼的方法来检查了。双眼视力平衡的球员,也可利用交替闭上左右眼睛方法,来校验双眼的中心是否正好在球杆上方。当双眼的中心不在球杆上方时,闭上单眼时目标球的相对位置向左右移动距离不相同。

十一、如何自我检查击球姿势和存在问题

这儿提供一个非常简便的方法,就是面对穿衣镜来检查你的击球姿势。在穿衣镜的前方放置一张桌子,然后在桌子上像在台球桌上那样持杆准备击球,镜子中将反射出你的击球准备情况,头部是否偏斜,主眼是否在杆上,球杆是否正直,手臂是否外偏等,这样你将能够快速及时地修正你的姿势和毛病。家中设有台球桌时,有条件的话,可以在台球桌的前方放置一个穿衣镜或梳妆台,自我检查将更为方便。有些球员瞄准时歪着脑袋,这样就无法利用下巴作为参考点而把眼睛置于正确位置了,因此头部一定不要偏斜。这儿提供一个克服头部偏斜的方法,就是首先身体直立,保持头部正直,然后俯身下去,这样就不容易使头部偏斜了。

也可以使用相机拍摄直线击球时自我击球前的情况,这种方法更能够仔细分析你的击球姿势。如果你有数码相机,使用自拍后,能立即直接在计算机上观察到自己的问题,没有数码相机时,使用普通相机也可以自拍,但是要拿去冲洗,要多花一些时间才能看到结果。也可请同伴来观察你的瞄准情况。不过以前者最为客观和精确,它可以自我观察到球杆是否笔直,眼睛的位置、头部是否正直以及肘部位置等多个部位情况。你还可以拍摄你挥杆击球后的情况,来检查球杆是否笔直地向前运动。这样你就可以对症进行相应改正。正确姿势的养成非一日之功,因此你要耐心地、不断地、多次地进行调整和修正,最终会养成正确的姿势。

十二、如何全面掌握各种角度击球的瞄准

小角度击球较容易掌握,因为比较容易感觉到主球碰撞目标球后目标球的行走方向,而且也有简便的瞄准点计算方法。而角度很大击球时,其瞄准点就在目标球与袋口中心连线的延长线的位置接近半球的实际尺寸,所以也便于瞄准。较为困难的角度是居于前述两者之间的击球角度,即 35°~55°,这时它在延长线上的瞄准线段长度很难计算准确,目标球的行走方向也较难判断,这种角度的击球瞄准如果掌握以后,则整个击球瞄准就过关了。首先要知道这种击球角度的瞄准点是在重合度为 1/4 处左右,根据实际角度的大小适当增减重合度,可以较准确地击球入袋。

利用直角三角形法来判断大角度的击球瞄准点效果不错。即在击打较大角度的球时，先判断一下由主球和目标球及袋口三者所形成的直角三角形(参见直角形瞄准法一节)，其对边与邻边之比是多少，初步确定瞄准点后，再用球感加以复核。这种方法比观察角度要容易一些。

这儿介绍一个斯诺克台球击打较大击球角度的小窍门。当近距离击打时，可以利用直角三角形瞄准法，站在主球附近，快速观察一下直角三角形的对边与邻边，如大致相等时，把本来应该采用重合度为 6 毫米的，而采用重合度为 10 毫米，十有八九会将球击入袋中。如果两者长度不是很接近，则可以根据哪一边稍长，进行适当地调整重合度的大小。美式台球也可利用上述窍门，只不过数据不同罢了。

十三、主球距离目标球远近对瞄准点的影响

主球和目标球的中心连线与目标球和袋口的中心连线的夹角虽然相同，如果主球与目标球相距较远与较近时，其瞄准点并不相同。如图 29 中所示。在图中可明显地看出较远的主球要想击打到较近主球击打到的部位，需要瞄准点向内移动，就是要打得稍微厚一点才行。

可能读者已经体会到上述差别，即：当主球距离目标球很近时，主球需要很薄地切击目标球，才有可能击球落袋。

入门阶段

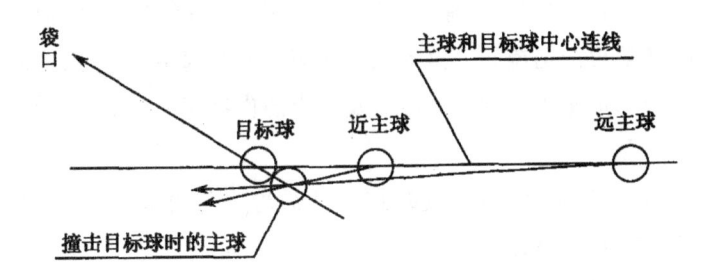

图 29 主球距离目标球远近对瞄准点的影响

十四、击打主球各个撞点的作用

击打主球不同的撞点时,主球的行进和旋转如图 30 所示,正确理解主球的行进与旋转特性,将有助于台球技术的迅速提高。现在分别说明如下:

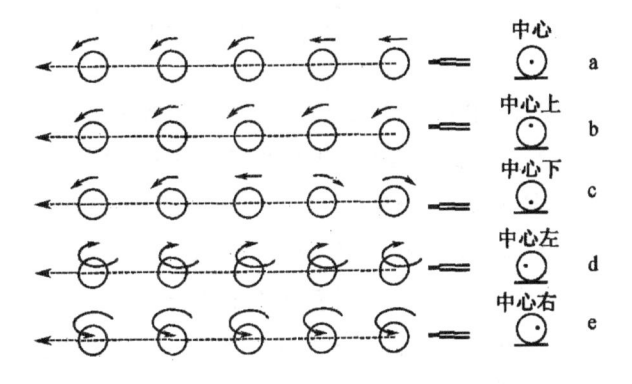

图 30 击打主球不同撞点主球行进与旋转示意图

1.击打主球中心撞点:主球在开始一段距离内先向前滑动,然后再向前旋转。这是因为主球开始时受冲力作用先向前滑行,后来由于台面摩擦力及冲力的作用而向前滚动,如图 30 - a 所示。

2.击打主球中心上撞点:主球沿着击打方向向前旋转。如图 30 - b 所示。

3.击打主球中心下撞点:主球在开始一段距离内,带着逆向旋转向前滚动。经过一段距离后,由于受台面的摩擦力作用,停止逆转,继续不带旋转地向前移动。如果还有余力,主球将变为顺旋向前滚动,如图 30 - c 所示。

4.击打主球中心左撞点:主球将带着左旋转向前移动,形成一种既顺时针旋转又向前行进的混合运动。如图 30 - d 所示。

5.击打主球中心右撞点:主球将带着右旋转向前移动,形成一种既逆时针旋转又向前行进的混合运动。如图 30 - e 所示。

主球中心、中心上、中心稍下及中心下四个撞点较易掌握,初学者宜以此四点为基础进行练习。击中心时,主球碰到目标球后,向前走一段路径。击中心上时,主球碰到目标球后,向前走较长一段路径。以上都属于随击。击中心稍下时,主球碰到目标球后,停留在目标球原来位置,这就是定位球。击中心下时,主球撞击目标球时比较稳定,主球碰到目标球后,当逆旋转还未消失时,碰撞目标球后将向逆向行进。待熟练地掌握这些击法后,可进一步掌握击打其余各点的特性。

入门阶段

例如进行缩击、侧击等的练习。

十五、检验掌握击球要领的练习

1.横向空岸练习

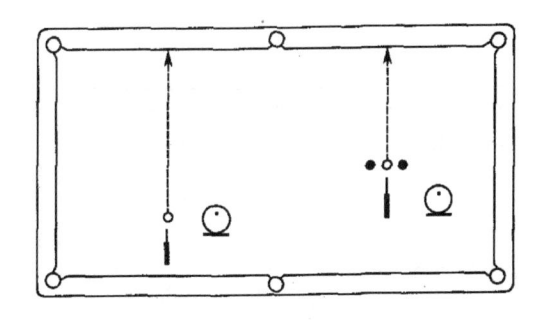

图31 横向空岸练习

如图31左侧所示,面向球台长边,击打主球中心上撞点,击球后要使球杆保持不动,主球碰长边岸边后返回,如果球正好碰到球杆的杆头,说明击球基本正确,否则,应该检查是何种原因造成偏差,直到符合要求为止。进一步可做穿过两球间隙练习。如图中右侧所示,即将主球两边各放上一个球,开始时两球距离主球可稍大一些,面向对岸击打主球,主球碰岸后返回,应当在两球中间穿过,以后则逐步缩小两球之间的距离,最后达到两球间刚好能够穿过一个球的空隙,这时主球还能穿过。这个练习就达到要求了。

2.纵向空岸练习

如图32上部所示,将主球放在开球线上,击打主球中心上撞点,练习方法同1,由于主球行走距离较长,比横向练习要难一些。练习合格后,再练穿过两球间隙练习,如图中下部所示。

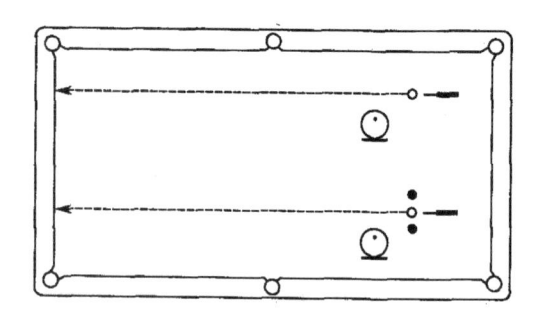

图32 纵向空岸练习

3.击球直线练习

如图33所示,把主球放在开球线上,即英式斯诺克球台的4分球位置,目标球放在球台中央,即5分球的位置,击打主球中心稍上撞点。当主球碰到目标球后,目标球将沿着直线前进,碰到岸边后被弹回,要求恰好与跟进的主球相撞,这个练习就合格了。否则需要找出原因进行纠正。

如图34所示,把主球放在开球线上,即英式斯诺克球台的4分球位置,目标球放在6分球的位置,击打主球中心稍上

入门阶段

撞点。当主球碰到目标球后,目标球将沿着直线前进,碰到岸边后被弹回,要求恰好与跟进的主球相撞,这个练习就合格了。否则需要找出原因进行纠正。

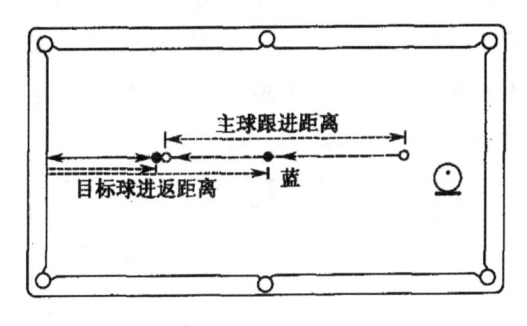

图 33　直线击球练习

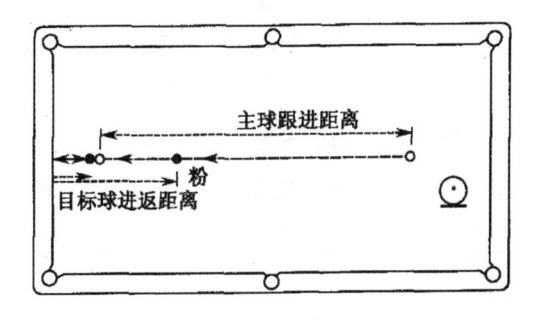

图 34　直线击球练习

如使用美式球台练习,需要用量尺测定纵向中心位置,做好标记,以保证主球和目标球都在球台纵向中央直线位置上。

4.空袋送球练习

练习时击打主球或任意一个球,使其直接落入袋中。可将数个球放在开球线上,然后分别击打各球入中袋或角袋。如图35所示。这个练习难度较小,因为袋口的宽度比一个球大,稍微有些偏差还是可以落袋的。如果每次均能把球送入袋中,这个练习即算合格。

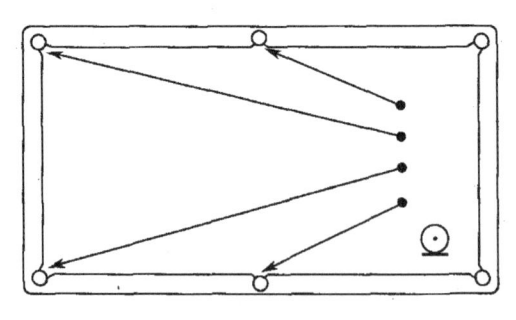

图35 空袋送球入袋练习

5.顶袋袋口旁边有球时送球入袋练习

如图36,在顶袋袋口旁边各放上一个球,使袋口只留

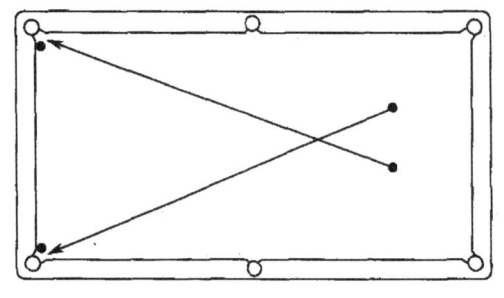

图36 角袋袋口有球遮挡的送球入袋练习

有一个球的空隙,然后在开球线上放置两个球,交叉斜向击球,不要碰袋口旁边的球,并且将球送入袋中,这个练习即算合格。这个练习较前一个练习难度大,必须十分准确。

6.直线撞击目标球入袋练习

可以如图37来练习直线撞击目标球入袋。击球球杆击球后不要马上移去,如果未能撞击目标球入袋,看看球杆是否指向袋口中心,如果不是,那就是你的挥杆不是笔直的。检验球杆出杆时是否笔直,可以将手架和球杆放在球台库边线上,即绿色呢子布岸边与木制岸边的交界处,然后挥杆沿着边线方向击打想像中的主球,如果球杆与边线重合,说明你出杆是笔直的。即使你击打主球中心,也很难保证没有一点无意识的侧旋。如果在穿越主球时不是直线的话,也将出现侧旋。

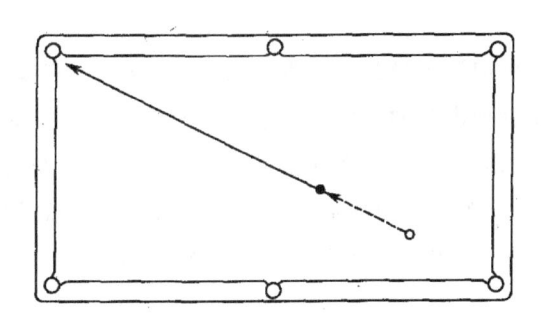

图37　主球直线击打较近目标球入角袋练习

当你开始感觉挥杆正确时,可以将目标球向袋口方向移近一些。如图 38 所示。再进行撞击目标球入袋。此时难度也将随之增加。这是一个很好的牢固的练习,如果将之用于正规的基础练习,它一定可以改善你的击球入袋。追求完美技术,多次世界冠军得主史蒂夫·戴维斯每天都进行这个练习。没有笔直的杆法,就不可能完成一致性的高标准击球。

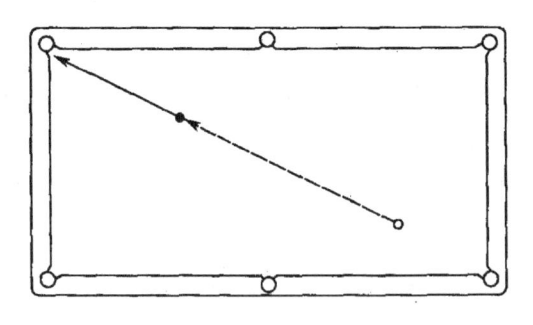

图 38　主球直线击打较远目标球入角袋练习

这儿要向读者强调一下直线击球的重要性,直线击球准确与否是其他击球的基础。一定要把直线击球掌握好,它能检测你的击球中各方面存在的问题,包括瞄准、姿势、击球准备、挥杆等有关方面中的缺陷。如果你的直线击球成功率不高,你一定要找出存在的问题,否则很难大幅度提高击球成绩。

导致击打不直可能有以下几个原因:击打时身体很快提起;握杆太紧;手臂摆动。练习笔直出杆可在家中饭桌上进行,前面放置一个用过的矿泉水塑料小瓶,去掉瓶盖,将瓶子放倒,瓶身紧贴桌面,瓶口中心距桌面约3厘米,球杆指向瓶口,球杆头部距瓶口15~30厘米,然后挥动球杆,要求球杆跟进后应能插入瓶口中。

十六、击球的杆法

打台球不能简单地千篇一律地采用同一方式击球,台球击球的方法简称杆法,它包括很多变化因素,例如:球杆的前进速度、球杆打击主球的力量、球杆与主球接触的时间、球杆撞击主球的部位、球杆与台面形成的角度、球杆击球后是否跟进以及身体的动作等。

要根据主球走位的需要采用不同的杆法,台球的杆法可以分为基本的三种杆法,即:"推""点""缩"。"推"的杆法是球杆速度较慢,球杆接触主球时间较长,球杆的力量较小,通常击打主球的上部,这种杆法使得主球与目标球的分离角小于15°。"点"又叫做"打",顾名思义,这种杆法其球杆打击主球的力量较大,速度较快,球杆与主球接触的时间较短,通常击打主球的中心撞点,这种杆法使得主球与目标球的分离角在90°左右。"缩"又叫做"拉",这种杆法其球杆的前进速度很快,与主球接触的时间较长,击打主球后球杆跟进的距离较长,它击打主球的中下撞点,这种杆法使得主球与目标球的分离角接近180°左右。如果混合采用"推"和"点"两种杆法,并配合相应撞点,则使得主球与目标球的分离角在15°~85°之间。如果混合使用"点"和"缩"两种杆法,并配合相应撞点,则使得主球与目标球的分离角在 95°~165°之间。球杆自主球上方斜向击打主球左上、左下、右上、右下撞点时,主球的旋转平面将与台面斜交,因而产生弯曲的行走路线。台球击球通常单独使用前臂或者和手腕联合摆动击球,而美式九球在开球时,则使用全身的动作来加强球杆的冲击力。

十七、基本的击球技法

基本的击球技法有跟进球、推进球、定位球、吃库球、架杆球、缩杆球和侧旋球以及击球力度的控制。上述各种技法包括架杆球在内,均与主球的行走路线有关,它们控制主球与目标球相撞后的分离角,有关分离角的详细论述参见中级阶段各节。今以常见的重合度为 3/4 球和半球的击球角度为例,来说明主球的行走路线。如图 39 和图 40 所示。入门阶段只

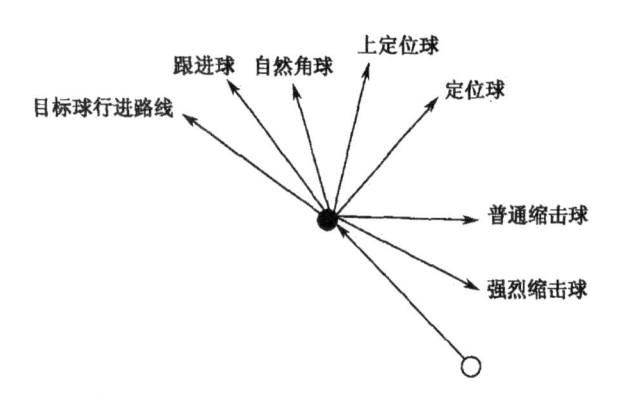

图 39　3/4 球重合度时主球各种击球走位示意图

入门阶段

要求掌握前面的几种,至于缩杆球和侧旋球的技法留待中、高级阶段学习掌握。

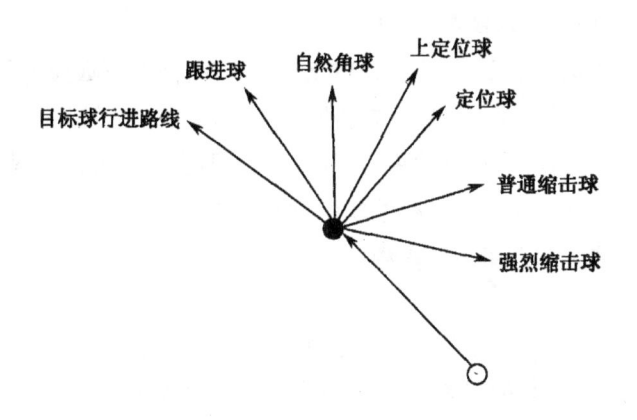

图 40 半球重合度时主球各种击球走位示意图

1.跟进球

跟进球即前旋球,就是用球杆击打主球的中心上、左上或右上撞点,入门阶段可使用中心上撞点。当主球碰到目标球后,主球将稍微停顿一下,然后靠自身的上旋的力量,继续向前跟进,而且跟进的距离较长。当3/4球击和半球击时,此种击法主球与目标球的分离角大致在 20°~40°。

前旋球吃库时,可以展宽入射线和反射线之间的角度,虽然是中杆击球,行走距离较长时,也会产生前旋,因此长距离的中杆球与短距离的中杆球,虽然吃库的点相同,但吃库后的反射路线却不同。在解救障碍球时或者击球落袋时,应该考虑这个差别。

83

撞击主球垂直轴上,自台面算起主球的 7/10 处,将获得自然的前旋,你如果击打主球更高一点,不会获得更好的前旋,反而会增加误击的危险。

做这个练习时,可在开球点放置主球,前方不远处放置目标球,如图 41 所示,然后向顶岸方向击球,在旁边可用几个球作为位置标志,跟进的距离每次都能按照自己的意愿实现,这个练习就算合格了。跟进球能为下一击创造条件。要注意有时会使主球因跟进而落袋。

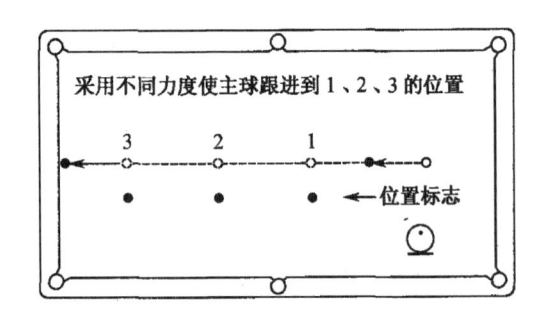

图 41　跟进球的练习

2.推进球

推进球是用球杆击打主球的中心、中心左或中心右撞点,初期阶段可使用中心撞点,击球时采用中等力量,主球与目标球相撞后,主球只是缓缓跟进,并且前进距离不大。当 3/4 球击和半球击时,此种击法主球与目标球的分离角大致在 50°~60°。这就是所谓的自然角球。推进球能为下一击创造条件

入门阶段

或给对方制造障碍球。

3.定位球

定位球就是用球杆击打主球中心下面的撞点,使主球产生一定的下旋的力量,用以抵消自身前进的上旋力量,因而使主球不向前跟进,而停留在原目标球的位置。定位球的形成要有一定的力度,力量过小将形成跟进球,也可使用柔和的力度加上很低的撞点击出定位球。定位球又分为以下两种情形:

(1)主球中心撞击目标球中心,碰撞后主球停留在目标球原来位置。这是通常所说的定位球。

(2)主球不是正对中心撞击目标球时,主球撞击目标球后,主球以比自然角更大的角度离开目标球。这种球也叫做定位球。主球与目标球的分离角在80°~90°之间。分离角80°左右的叫做上定位球,分离角90°的叫做定位球。参见图39和图40。这种球更为重要,因为它影响更多的击球,它可用来修正主球与目标球的分离角。

定位球的击打方法是:当主球距离目标球较近时,击打主球稍低于中心即可。主球距离目标球稍远时,需要击打主球中心下的位置。主球和目标球之间的距离加长,击打主球的撞点必须相应下移才能击出定位球。上定位球的撞点比定位球的撞点稍高,也可撞点不变高,而是采用较为柔和的力度。

定位球能给下一击创造条件,或给对方制造障碍球,击打袋口附近的目标球时,采用定位球可防止主球因跟进而落袋。

4.吃库球

吃库球就是用球杆击打主球,使主球撞击岸边,反弹后到达一定位置。吃库时,要了解球碰到岸边后,球弹回的路线,不带侧向旋转的球,一般按照入射角等于反射角的规律行进。但是,如果带有侧向旋转的球时,比如击中心右时,球将朝着无侧向旋转的反射路线的右侧行进。击中心左时,球将朝着无侧向旋转的反射路线的左侧行进(参见侧旋球)。

吃库球随着力度的不同,其反射角也不同。强力撞击时反射角稍大,即稍远离岸边,弱力撞击时反射角稍小,即离岸边较近。参见图42。

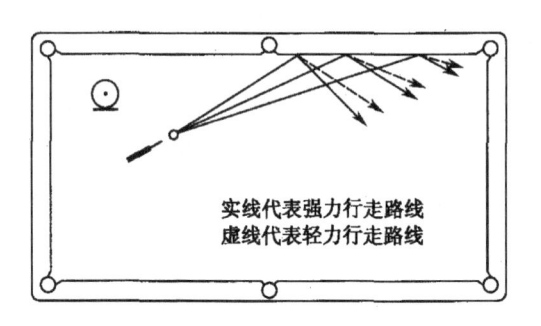

图42 力度不同对吃库后的反射角影响

这种练习对解救障碍球非常有用。击打吃库球时,要注意撞击主球的中心下撞点,否则,由于强力击打,球的前旋力量很大,有可能使主球飞出台外。

5.架杆球

架杆球用于手架无法到达的地方,即用架杆代替手架。使用架杆击球时,用左手确保架杆稳定,右手握着球杆击球。当架杆可以在球台内平放时,将架杆的末端置于左手虎口内,左手的拇指和中指放在两侧,食指在上面,将架杆杆身紧紧压在台面上,这样可以确保架杆稳定。如果架杆不能平放时,可以将架杆末端置于左手虎口内,用左手握紧。右手三个手指握着球杆的末端,右手的大拇指在下,食指和中指自然弯曲在上,球杆的末端顶着虎口,无名指和小拇指都是自然弯曲于掌心。右臂弯曲于胸前,右前臂与右上臂基本上收拢,然后用右手和前臂向前来回反复挥杆,瞄准击打位置后,即可击出,击出后右前臂与右上臂适当展开,约成90°或更大一些。参见图43。击打架杆球要保证球杆笔直地向前运动,主眼要在球杆的后方。架杆球是很重要的,如果使用手架时,击球很准,架杆时却打不好,那是无法取胜的,一定要练得同手架一样好才行。架杆使用的机会相对较少,手架比较熟练稳妥,在可能条件下,应尽量避免使用架杆。当使用高架杆时,专业球员也没有多大把握,一般只做简单的击打,以避免失误。

注意:左手要把架杆握牢,击球的瞬间架杆不要晃动,在可能的条件下,架杆与球杆之间形成的角度不宜太大,以10°~30°为好。架杆的前端距离目标球较短为好,这样能够保证出杆正直。架杆击打时,要注意平稳地击出,以免出现滑杆。

图 43　使用架杆击球

　　练习架杆球首先可练习空杆,可以像检查利用手架挥杆同样的方法,把架杆放在球台岸边,利用岸边台布与木制台边的结合处,检验挥杆时出杆是否笔直。然后可练习直线架杆球,即使用架杆击打直线目标球入袋。进一步还可练习击出缩击球。曾经排名第一的龙尼·奥萨里文,在主球与目标球相距两米左右时,使用架杆击出缩击球,使主球与目标球相撞后,再缩回来两米长的距离。所以只要掌握好架杆球,也还可以像使用手架那样,打出同样漂亮的击球。

6. 缩杆球

缩杆球是用球杆快速撞击主球的中心下撞点,并伴随着一定的跟进,使主球产生很强的下旋的力量。当主球碰到目标球后,主球稍微停顿一下,然后,向反方向行进。当3/4球击和半球击时,此种击法主球与目标球的分离角大致在110°～160°。参见缩杆球的击打方法示意图44。图中上部 a 为击球前瞬间,球杆杆头撞击主球的情形,图中下部 b 为击球后,球杆跟进一段距离的情形。注意球杆一直要保持水平,也可稍有倾斜。

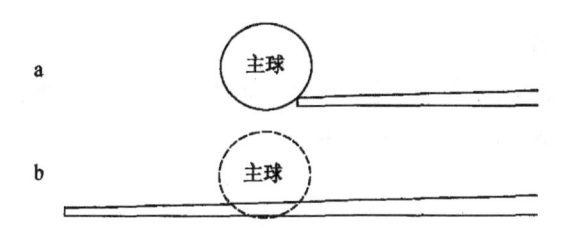

图44 缩杆球的击打方法示意图

初学者打缩杆球时,总是误打成定位球,这就要检查你的手腕在击打时,有否上摆的动作。我们知道要使主球产生较大的下旋,才能形成缩击,下旋力矩等于瞬间撞击主球的力量和撞击力臂的乘积。瞬间撞击力即前臂与手腕联合摆动力,撞击力臂即撞击点至主球中心距离。此乘积越大则能形成强烈的缩杆球。手腕上摆将使球杆杆头上扬,撞击力臂减小。

由于缩击的技术难度较高,初学者只要能击出有一定程度的下旋球即可,待高级阶段再进行缩击的练习较为合适。缩杆球的技术要领及练习方法,详见高级阶段中《揭开缩击的神秘面纱》一节。

当你没有掌握缩击技术时,你控制主球走位,只能直接利用跟进球、自然角球、定位球三种,或者依靠它们经吃库后,走位到需要的地方。如果你学会缩杆球,你将有了更加灵活而宽广的走位能力。不过跟进球的主球行走距离便于控制,而缩击球的主球行走距离控制就比较困难一些,所以通常宜尽可能使用跟进球。

7.侧旋球

侧旋球是球杆击打主球的中心左或中心右等撞点,使主球产生侧向旋转力。参见图45。

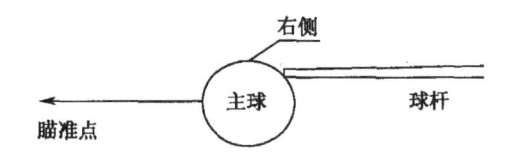

图45 侧旋球击打方法示意图

通常球杆水平击打主球时,打出的侧旋球的旋转面与球台台面平行,仅仅球的底部很小面积产生摩擦,摩擦阻力很小。实践证明,这种水平旋转的侧旋球行走还是直线,如果抬

入门阶段

高球杆末端,击出的侧旋球,其旋转面已经与球台台面斜交,球的较大面积受到台面的摩擦阻力,主球行走路线将是一条弯曲的弧线,我们将这种有明显弧线的球叫做弧线球,侧旋球与弧线球的行走路线如图46所示。图中上部a为侧旋球的行走路线,基本上是一条直线。图中下部b为弧线球的行走路线,是一条弯曲的弧线。弧线球的击打要领及其练习方法,参见高级阶段中《如何击打弧线球》一节。

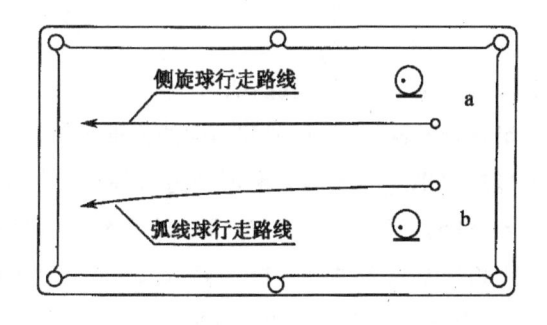

图46 侧旋球与弧线球的行走路线

有些球员错误地理解侧旋球,认为球杆先瞄着主球中心,然后再把杆头斜向侧边,以为这样就能击出侧旋球,那就大错而特错了。正确的侧旋球击球方法是,手架和球杆一开始就对着主球一侧,或者开始时球杆和手架对着主球中心,但随后要整根球杆和手架平行移动,当指向主球中心左侧或右侧时,然后再挥杆击球,击打主球侧面较厚的部分。注意不是击打主球的边缘,在击球时球杆要跟进,即球杆撞击主球后,球杆要穿越主球原来所在位置,跟进的距离较大时,能够打出强烈的侧旋球。

侧旋球的技术比较复杂,中杆击球时,能使目标球落入袋中,使用同样的瞄准点,采用侧旋球时,目标球将偏离袋口。所以作者建议初学者不宜先学侧旋球,否则容易对瞄准点产生混乱。在入门和中级阶段,可重点使用中杆球,待高级阶段再采用侧旋球为好。侧旋球有关的技术细节将在高级阶段中详细介绍。

8.进行各种不同击球力度的练习

在击出各种不同的球时,要和不同的力度相结合,才能达到比较理想的效果。击球的力度可分为六种,即强、稍强、普通、稍弱、弱、极弱。可以用击打母球后母球滚动的距离来区分。距离为长栏长度的3.5倍时为强,距离为长栏长度的3倍时为稍强,距离为长栏长度的2倍半时为普通,距离为长栏长度的1.5倍时为稍弱,距离为长栏长度的一倍时为弱,距离目标球很近时为极弱。

弱击时,使用大拇指和食指握杆,强击时使用大拇指和中指与无名指握杆。握杆的位置距杆的尾部越近,球杆运动距离越长,出杆的力量就越大。如果想要力量较小,可以握杆点前移一些,球杆向后移动距离小一些,使得球杆头部距离主球近一些,然后再出杆。

掌握好不同击球力度,对于主球和目标球走位、制作障碍球、控制主球与目标球分离角,以防止主球落袋,都很重要。

这儿要提醒初学者一点,不要认为只有大力击球,才能保证主球前进路线笔直。开始不要养成大力击球的毛病,否则不易纠正,一般使用中等力量或较小的力量已经足够用了,多余的力量会使目标球落袋困难,也使主球滚动距离过长,容易产生意外的失误。

击球时要判断一下主球撞击目标球后,有无落袋的可能,如果有这样的可能,就要注意力度不要太大,往往可避免主球落袋。不要企图侥幸,盲目地大力击球,这样会使主球得不到有效控制而落袋。

进行力度练习时,先将主球放在开球线上,然后用各种力度将球击出,主球应根据不同的力度,停在要求的位置附近,相差不应太大为合格。

另外,可以参照图 47,进行将目标球打入中袋和角袋的力度练习。图中 a 是将目标球打入中袋的力度练习,目标球

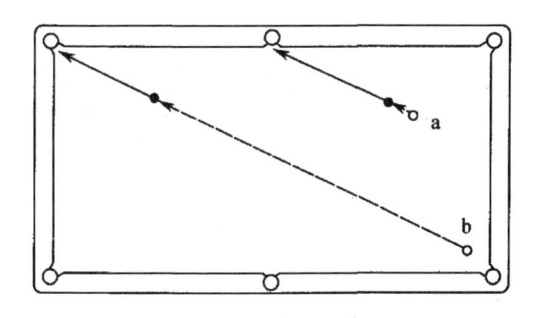

图 47 将目标球打入中袋和角袋的力度练习

的位置要使击球线路与中袋袋口的角度小一些,当使用较大的力量击球时,目标球会碰到中袋袋口边沿而弹出,要求使用的力量恰到好处,仅仅能够使目标球到达袋口边沿后,自然地落入袋中,不要碰到袋口边沿。图中 b 是将远方的目标球击打入角袋中的练习,要求目标球落袋后,主球不得跟着滚入角袋中。

十八、将在不同角度的目标球击打入袋的练习

美式台球当向中袋击打时,如果袋口入球的角度较小,难度较大,由于美式球台较小,角袋口又是外八字形,易于入球,所以,选手此时常常选择向角袋击球。

把几个球放在角袋附近,从球台的远方进行长击。参见图48。

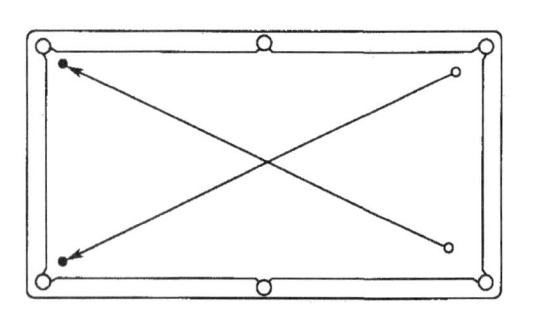

图48 主球长距离撞击目标球入袋练习

入门阶段

把几个球放在发球线上,然后用主球在发球线后面一点,击打这些球入角袋或中袋。参见图49。

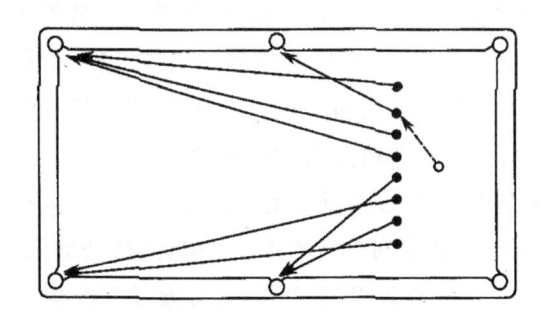

图49 主球击打目标球入中袋或角袋练习

把若干个球放在台面上,然后随意将任意的一个球作为主球,去撞击另一个球进入角袋或中袋。参见图50。

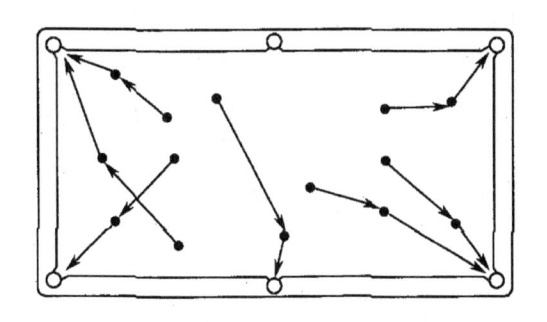

图50 任意两球组合击球入袋练习

十九、开球猜先

在正式比赛开球前,应由双方进行猜先。特别是在美式9球比赛中,开球的一方占有较多的优势,因为如果有球入袋,就可以接着打,常常可一杆打完全局,有时还能开出黄金球(即开球时将9号球打入袋中),因而获胜。

猜先的方法是:在开球线上放上两个球,双方同时分别击打各自的球,使其碰到对面的短边,然后返回开球区,看谁的球停留的位置最靠近开球区的短边,近者先开球。参见图51。

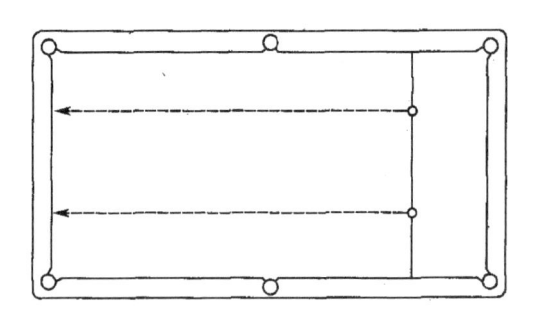

图51 台球比赛开球猜先图

在美式比赛中,则按谁获胜,谁就取得下一盘的开球权。当打成平手加赛决胜局时,需要重新进行开球猜先。在英式斯诺克台球的比赛中,则采取轮流开球法。

入门阶段

二十、英式斯诺克台球开球及其典型路线

英式斯诺克台球把主球放在黄色球和绿色球的连线上任意一点开球。较常见的开球路线有两种,一是使用普通的力度击打主球,使其轻度碰到三角形的红色球组的底部角上的球,不令红色球组过于散开,然后主球吃两库后回到开球区的库边。参见图52。

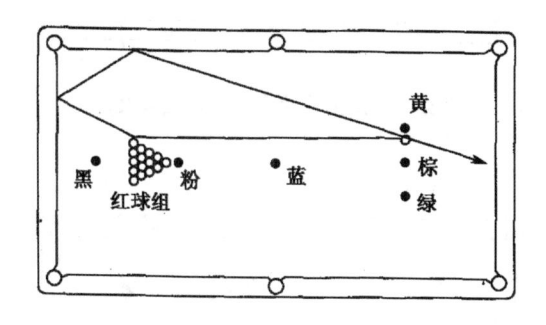

图52 英式斯诺克台球开球路线之一

另外一种是,使用强劲的右侧旋,瞄准红球组右角的第一个红色球中部,稍用力打去,使主球撞击在角袋附近的短库边后,经过反射再从角袋口旁边的长库边弹出,然后从粉色球和蓝色球之间穿过,最后使球吃二库后,走到首岸岸边附近。参见图53。

这种开球方法,可以把红球组打得散开一些,以便轮到自

己击打时,有较多的得分机会。此外,还有另外一种不常使用的开球路线,参见图54。

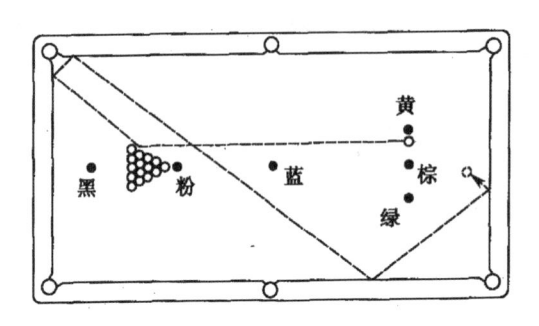

图53 英式斯诺克台球开球路线之二

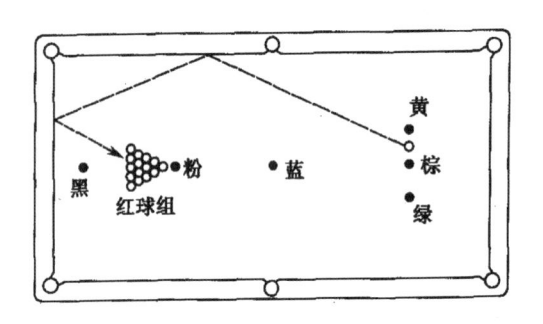

图54 英式斯诺克台球开球路线之三

上述三种开球方法的主要目的是使对方不便于击打红色球入袋,因为一旦对方能击球入袋,就有可能连续击球入袋,导致全盘的败北。

开球没有十分的把握时,以本书中第三种开球方式最为安全。将主球放在黄色球和棕色球之间的中央位置,瞄准下半区长岸距离中袋约为长岸总长的八分之一处,主球吃二次库后,将碰到红球组而停止。首次吃库处不可过于靠近中袋袋口,否则可能碰不到红球组,首次吃库处也不可距离中袋袋口过远,如果接近长岸的四分之一时,将有可能碰到黑色球。力量不要过大,以免将红球组撞得过散,给对方留下机会。

如果采用本书中第二种开球方式,有可能将主球放回到首岸,甚至可将主球走到绿色球的后面,给对方造成相当困难的局面。但是这种开球方式不是十分安全,一方面它将红球组打得较散,另一方面,如果主球侧旋不合适或者撞击红色球的位置不对,有可能出现三种不利的情况。一个是主球偏转过大,直接落入顶岸角袋中,另一个是主球经吃两次库后,有可能碰到蓝色球而停在中台附近,将使对方有击球进袋的可能。主球还有可能吃两次库后直接滚到首岸的角袋中而受罚。即使台球大师也难于避免上述情况的发生。例如2002年威尔士公开赛中,肯·达赫迪在第二局中就因开球主球碰到蓝色球而输给了斯蒂芬·亨得利。

二十一、美式9球和8球开球及其典型路线

美式台球比赛时,开球时把主球放在开球线上。美式9球比赛中,开局击是非常重要的,选手通常把主球放在左边长

岸或右边长岸附近。参见图55。

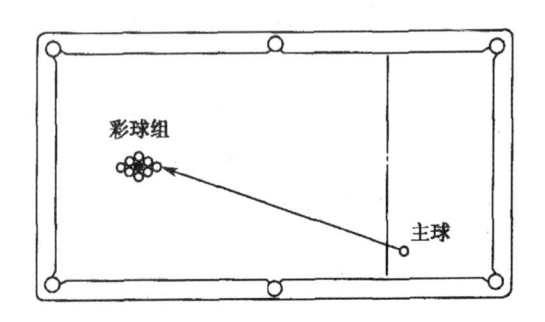

图55　美式9球常用开球路线图

手架放在台边,来回抽拉球杆多次,然后用大力击打主球。美式开球不同于英式开球,通常选手们首先弯下身来,将身体重心下降,腿稍屈,然后瞄准彩球组头部的一号球,准备出杆时,将球杆向后拉满,然后突然升高重心,整个身体连同球杆一起向前冲出,后腿也随之抬高,击球后球杆上扬,争取有球入袋。这种开球法常常将台面上的9个彩球撞击得满台滚动,煞是好看。将主球放在靠近岸边处,有利于身体的冲击,易于得到最满意的结果。速度也很重要,有时给主球一定速度以保持控制是有帮助的,但是要注意不要自落。这种击打方式常常能够打出黄金球。

美式8球比赛开球时,一种方法是把主球放在球台侧边附近,采用足够的缩击去击打三角形球组的第二个球,这样球

入门阶段

组能够散得较开,甚至有球落袋。参见图56。这种开球法有一定的危险性,如果缩击不足,主球将落入角袋中。

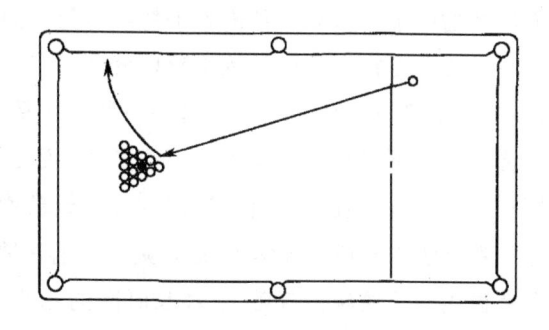

图56 美式8球采用缩击撞击第二球开球法

另外一种开球法是将主球放在开球线的中央,用大力使主球去撞击彩球组的头部。如图57所示。

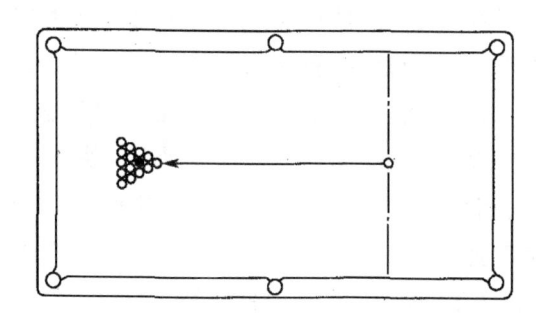

图57 美式8球撞击彩球组头部的开球法

二十二、关于训练方式的探讨

前面所述的瞄准方法和各种击打的练习,可以有两种训练方式。一种方式是在专门的教练指导监督下,一项一项地练习,每一项都练到百发百中为止。另外一种方式是基本上每种练习都进行一下,但不要求都练到百发百中,而是留待以后的比赛和练习中逐步提高。前者训练方式比较枯燥乏味,适用于专门的训练中心或台球学校,后者则没有前述缺点,要求球员在掌握正确的要领的基础上,在长时间的比赛和练习中逐步改进提高,所以后一种方式比较适用于业余台球爱好者。

二十三、在家中建立简易练习台

为了尽快地提高台球技术,你必须有较多的时间进行台球的击打练习。据说国手和世界大师们,每天的台球活动时间为6~8小时。所以,建议在家中自制台球简易练习台。它是由一个较大的书桌做成,只要在桌上铺上一块绒布,在桌的两个长边边沿上,放上木头条,作为台边,注意要用重物压好,能够固定则更好。桌的短边一头可以顶在墙壁上或暖气罩上,在这个边沿上要挡上一条厚的海绵,以缓冲台球的冲击。桌上放置三个台球,这样,你就可以在桌的另一头挥杆练习各种台球击打技巧了。例如缩杆、瞄准等的练习。瞄准练习时,可把第一个球作为主球,第二个球作为目标球,第三个球作为袋口,用球杆击打第一个球,去撞击第二个球,如果第二个球正好撞到第三个球,即认为是入袋。也可以用小的书本做成一个缺口当作袋口,有了这个练习台,你随时可以击打两下。有了一点心得,也可立即验证一下。

二十四、球杆的选择

台球选手的球杆好比战士的枪,又像乒乓球手的球拍,它与成绩的好坏,有很大的关系。那么球杆如何选择呢?要考虑哪些因素呢?现在分别介绍如下。

1. 球杆的硬度与弹性:球杆通常由北美白杨木、枫木或非洲黑檀木制成。好的球杆要具有一定的硬度和弹性,但不是越硬越好。球杆的硬度与弹性是两个互相矛盾的因素,硬度高时弹性就差一些。检验球杆的硬度和弹性,可用手指轻弹杆身,硬度高的声音较清脆。用手握着球杆的尾部,另一只手轻拍杆身,木质好的球杆弹力均匀有力。

2. 球杆的笔直度:球杆必须笔直,否则击球无法保持一致性。将球杆放在台球桌的台面上,用手推动球杆,使球杆在台面上滚动,这时观察球杆的杆头有无抖动,无明显抖动的为合格。有人认为球杆头部有些抖动是由于球杆末端的平面所致,这种看法是错误的,虽然末端不是完全的圆锥形,它是不会影响滚动的。

3. 球杆的重量:球杆重量以 0.5 英两分级,从 16 英两到

21英两等多种,通常市售的球杆重量多为19英两。要结合个人体重来选择球杆重量,国人体格一般较欧美人为小,以选择重量较轻者为宜。我国台球好手庞卫国使用的是重18英两的球杆。世界职业台联(WPBSA)推荐初学者使用17英两的球杆。轻的球杆便于控制,能够得到需要的精确度和速度。较快的速度在缩击时更为必要,重的球杆使用起来比较费力,因而不能更好地控制准确性。球杆杆身通常标有重量,不过它们并不是很准确,最好携带便携秤,在购买时对球杆的实际重量进行秤量。

4.球杆的重心:球杆由于材料和制造的原因,其重心会有很大差异。有的球杆重心偏后,使用这种球杆时,握杆不能靠前,这是因为重心不好平衡。如何识别球杆重心的位置呢?可以用手指托着球杆中间一点,当球杆能够平衡时,该点即为重心所在。

5.球杆的铜配件的接合处:铜件与木质接合处要平滑紧密。另外要求铜件的丝扣应该咬合紧密,不然受震后容易松脱,影响击球的准确度。

6.球杆木材的纹路:木纹简洁清晰、纹路紧密。从表面上看木质花纹(即年轮)较少者为好。

7.球杆的粗细与长度:美式台球因球较大且重,所以杆身较粗,球杆头部也较粗,约为12～14毫米。英式台球较小且轻,击打主球的部位要求较精确,所以球杆的头部不能过粗,一般为9～11毫米。球杆的长度要视个人的身高而定。将球杆竖起,高度约达肩部最为合适。

8.球杆的节数:球杆又分为整根的、二节杆和三节杆。通常使用的是二节杆,它便于携带,三节杆便于加长,而整根杆没有中间接头,不存在传导问题,使用起来更为可靠,不过它携带不太方便。我国的"亚洲神童"丁俊晖就喜欢使用整根球杆,他的球杆不用时,放在特制长形的球杆盒内。

美式球比斯诺克台球重一些,在开球时,要求击出的主球要有足够的冲击力,所以美式台球选手一般备有两根球杆,一根较重的球杆专门用于开球。由于美式9球规则允许击出跳球,所以球手还带有跳球专用球杆,这种球杆较短,前节与通常的两节杆长度相同,只是后节的长度只有一尺左右。它的重量只比一个球重一些。

据说曾经获得7次世界排名冠军,6次英国公开赛冠军的斯蒂芬·亨得利,他现在所使用的球杆,仍是少年时期所用的那根,只不过后来对球杆的后半部进行了改进,增加了一些重量和粗度而已。他的球杆曾经丢失过,他悬赏一万英镑,终于找回遗失的球杆。有一次在国外比赛时,小偷光顾了他的旅馆房间,偷走了他的东西,只给他留下球杆。该小偷是个外行,把最贵重的东西给留下了。其实这个球杆不是一个多么好的球杆,只是他习惯使用它罢了。史蒂夫·戴维斯定制的球杆,前面为白蜡木,后把为乌木,手工接合,可接小后把,长146厘米,价值人民币3500元。每个选手最好备有自己专用的球杆,这样容易掌握击球的力度和感觉。

二十五、球杆的加工与保养

球杆是比较娇嫩的,虽然在制作时进行了多道高温干燥等处理程序,在受潮、风干或温度变化过大以后,仍然容易变形弯曲。为此买来球杆以后,应该注意进行再加工和细心保养。

新球杆在使用前最好进行加工,环境气候较好的地方,可以简单地上一层地板蜡,在环境气候比较恶劣的地方,例如香港、台湾以及南方沿海潮湿的地区,最好对杆身进行加油处理。杆身如有油漆,应该使用水磨砂纸去掉油漆,注意不要用水,再用极细的抛光砂纸抛光,然后上一遍橄榄油。为了使木质部分完全都吃进油,间隔一段时间要再次上油,直到不再吃油为止。

新买的斯诺克长打杆和长架杆,杆身较湿,如果立即放在球台旁边的架钩上,很快杆身会变形弯曲。建议买后不要急于放在台边的架钩上,而是先放在平的地面上,等过了数十天杆身干燥以后,再把它放在架钩上。

为了防止球杆变形弯曲,球杆在短暂不用的时候,应该把它垂直放在球杆架上,或者使用球杆专用的吊放器将其吊起,球杆的尾端朝下。参见图58。如果隔夜使用时,应将球杆放在专用的球杆盒中,这样外界的温度和湿度对它影响就小

图 58

了。为了防止球杆盒内的绒布吸收潮气,应在盒内放置干燥剂,并定期更换。球杆袋或盒,一定时间要进行清洁。球杆定期地喷上薄薄一层地板蜡,即可使杆身光滑,便于击球,也可防止潮气的侵袭。

球杆不论是否保存在球杆盒内,都不要放在温度和湿度变化较大的地方,例如球杆不要长时间放在汽车内,也不要放在过冷或过热的地方。不要放在风口附近,球杆不要磕碰或加压,有些球员在打靠近岸边的主球时,习惯性地把杆头搭在岸边,然后用手加压,这时杆身明显变形,这对球杆非常有害。球杆的尾部也不要重重地与地面碰撞。斯诺克球杆不要用来做美式球的开杆,球杆受力过大也易变形。

不少球杆中部铜制连接件的丝扣空隙过大,这样在击打时容易脱扣松动,影响击打的准确性,对此问题应给予足够的重视。解决此问题可用市售的丝扣密封带,在丝扣上缠绕两三层,就可克服上述现象的发生。经过处理的球杆,在力量的传导方面感觉更好了。不过要注意加密封带处理后,不应影响杆身的笔直。

皮头长时间使用后,球杆前端的皮头将会磨损,需要进行更换。在更换时,先将旧的皮头剥下,将球杆的头部和新的皮头粘合部用特细的砂纸或细锉打平,再将表面清洁干净,然后将球杆和皮头的粘合部均匀地涂上一层胶,胶层不能太薄,否则粘接不牢,易于脱落。市面上销售的胶有多种,有的胶需要晾置较长时间,胶面不再粘手即可粘合,对齐位置后,用力压紧,然后放置12~24小时后即可使用。有一种快干胶涂上胶后,需要立即粘合,较短时间便可使用。买来的球杆有的已粘好皮头,有的球杆,只是在球杆的头部粘有一段软木,这是用来保护铜制套管在运输中免受损坏的缘故,因此,需要自己来粘接皮头。首先,你要用刀子将该段软木除去,把杆头清理干净,然后按照上述方法将皮头粘好。

目前有的新球杆杆头是由较硬的合成材料制成,也可以直接使用它。这种杆头不易磨损,也比较牢固,不需经常维护,只在长时间使用后稍加打磨即可。但是它的弹性较差,对缩击长距离球有些影响。

有时皮头部分开裂,表面又看不出时,也容易出现击球偏差过大的现象。因此,在正式比赛前,最好将皮头换新并试打,如有可能应准备两付球杆备用。两个球杆不可能完全相同,所以大多数的专业的和业余的球手,总是使用同一个球杆。

长时间使用后,球杆杆身会沾上巧克粉和脏物。可使用干净的布进行清洁,注意不要使用湿布,否则球杆受潮。球杆前端的皮头变得光硬时,要使用钢锉将皮头磨一下,使皮头表面粗糙一些。这样可以使皮头挂上巧克粉,因而在击打时,可以抓住主球,产生旋转。

二十六、球和球台的维护

台球使用的球经过一段时间的使用,球的表面会沾有巧克粉和污物,这将影响球的准确运行路线,为此除了随时清除球上的明显的污物外,还要定期清洗全部球,可用中性的洗涤液洗涤后,再用清水洗净,用干净毛巾将球擦干。

球台的台布通常由带有绒毛的呢子制成,需要不定期地使用专用刷子梳理绒毛,以清除台呢表面的灰尘和残留的巧克粉及其他污物。要注意顺着台呢绒毛的方向刷(台呢绒毛的方向是自首岸朝向端岸方向),这样可以恢复台呢绒毛的原有方向性,保证台呢的功能,并能延长其使用寿命。不可以横向刷或者逆向刷,否则将打乱台呢绒毛的方向性。在将台呢的绒毛梳理完毕后,不定期地用熨斗将台呢绒毛熨平,在环境比较潮湿的地方,要增加熨烫的次数,熨烫时也要顺着绒毛方向熨,这将提高球在台呢上滚动的速度。熨斗的温度不能过高,最好用纸张进行试验,以不出现熨烫痕迹为妥。

球台的台呢是最为薄弱的地方,它受到硬物的刷、碰后,很容易受损,要注意经常与台面接触的球杆杆头皮头是否脱落、球杆架的底部是否光滑,否则台呢很快损坏。球台在不用的时候,应该用罩布将球台盖好。球台台布下面是石板,注意不要将球由上向下重重地放在台面上,否则将可能损坏下面的石板。

初学打球的人使用球杆力量较大,还常常是由上向下地斜着击球,这样很容易损伤台呢,因而他们不宜在新的球台上打球或者练习。有一定经验的球员在练习缩击球、搓球和跳球时,也要在旧的球台上进行,或者在球的下面铺上一层保护的小块台呢。

二十七、自己动手制作台球瞄准测量器

首先要准备一块 70 毫米×140 毫米的硬质绝缘板,厚度约为 8~10 毫米,0.5~1 毫米厚的 8 毫米×100 毫米长的金属条,在绝缘板一端的中央用钢锯开一个 90°或略小于 90°的 V 形缺口,缺口深约 30 毫米,将比赛用球放在缺口中。参见图 59 中的俯视图。然后先在一个有直角的三角板上标出等于台球半径的点,将此三角板垂直放置于绝缘板上,它的直角的一边紧贴球体,带有标志点的一边紧贴绝缘板,在绝缘板上按照标志点的距离做一个记号,然后用电钻在该记号处打一个

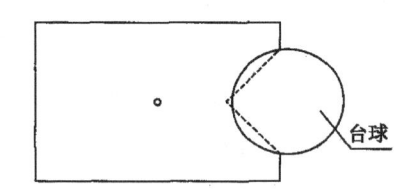

测量器底版顶视图

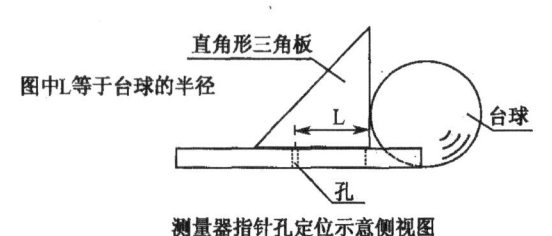

图中 L 等于台球的半径

测量器指针孔定位示意侧视图

图 59 台球瞄准测量器

穿过小螺丝钉的小孔。参见图 59 中的定位示意侧视图。在小孔的另一面,钻一个可放进一个螺母的圆坑。然后用白纸绘制一个半圆的角度分度指示器,其半径大小与台球的半径相同。分刻度以 5°为最小分度,将做好的角度指示器,用胶水粘在绝缘板上,分度指示器的圆心与绝缘板上的小孔重合。最后制作指针,将金属条的一端剪成短粗的尖端,距尖端等于或略小于球的半径的地方打一个小孔,在金属条的另一端剪成一个细长的尖端,这样就做成了一个指针。把指针用螺钉固定在绝缘板的小孔处,指针在固定前,在指针的下面要垫上一个垫圈,以免指针转动时摩擦绝缘板。由于斯诺克台球和美式台球的大小不一样,所以台球瞄准测量器不能兼用。

为了保证该测量器的准确性,要注意以下事项:V 形缺口一定要左右对称,绝缘板的纵向中心线要平分 V 形缺口,绝缘板上的小孔位置一定要准确,将球放在缺口处,小孔距离球的边沿要等于球的半径,小孔中心与绝缘板的纵向中心线重合。分度指示器要分度准确,粘贴时要将中心与小孔中心重合。制好后,应对照瞄准数据表进行实际校验,如果有误,应找出原因,重新调整,或者重新制作。为了便于修正,小孔距离 V 形缺口可较规定尺寸要求稍微远一点,经测试后,如果距离偏大,可适当将 V 形缺口再锉深一些,这样返工较少。

~~~中~级~阶~段~~~

一、中级阶段的目标和要求

中级阶段的目标是,进一步提高入门阶段的击球技术,了解主球和目标球的分离角特性,各种击打方法对分离角的影响,防止主球落袋和掌握各种特殊位置的目标球的击打方法。学会袋口球、翻袋球、贴边球、离岸球、吻球、间接球、借力球、倒顶球以及搓球和跳球的击打方法。

二、旋转球的分类

主球按照旋转方向,基本上可以分为:上旋球、下旋球、左旋球、右旋球、左上旋球、左下旋球、右上旋球、右下旋球及不旋转球9种。它们分别是由球杆撞击主球的中心上、中心下、中心左、中心右、左上、左下、右上、右下及中心撞点而产生。

笔者将上述旋转球又分成两大类,即非侧旋球与侧旋球。凡是带有左或右字样的撞点,均属侧旋球。中级阶段只着重介绍非侧旋球,侧旋球将在高级阶段中讲解。

三、主球与目标球的分离角

用球杆击打主球,当主球与目标球相撞后,主球行进路线和目标球行进路线的夹角,叫做分离角。

从理论讲,以能量不灭定律及动量不减定律推导出两个质量相等的完全弹性体,在不受外力影响下,如果其中一个球原为静止,受到另一个球的碰撞后,两个球分开所夹的角度恒定为90°角。

实际上,击打主球中心时,主球和目标球碰撞厚度大于二分之一时,由于主球的前旋力的作用,分离角小于90°。当碰撞厚度等于或小于二分之一,采用点击杆法击打主球中心时,主球与目标球分离角才均为90°。参见图60,图中角 a 为 90°。因此,击球角在90°以内时,才有可能将目标球击入袋中。如图61所示。采用轻击或推击时,即使碰撞厚度等于或小于二分之一时,主球与目标球的分离角均小于90°。

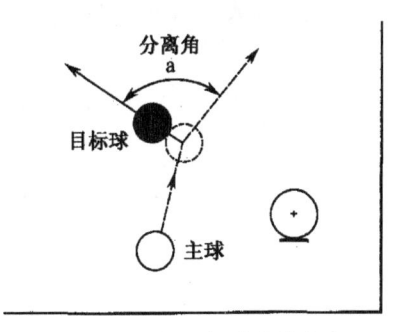

图60 主球与目标球的分离角

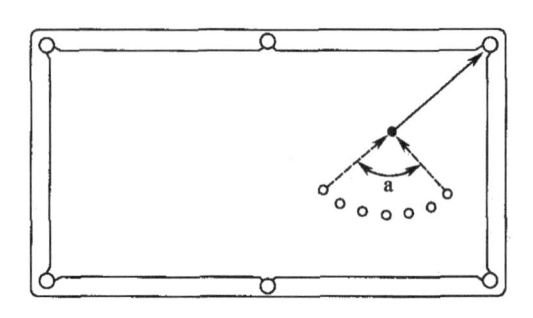

图61 有效击球角度图

采用适当杆法及相应撞点使分离角为锐角,即小于90°,这种击球统称随击。采用适当杆法及相应撞点使分离角为钝角,即大于90°,这种击球统称缩击。如图62和图63所示。所以当你希望分离角不等于90°时,应采用随击或缩击。

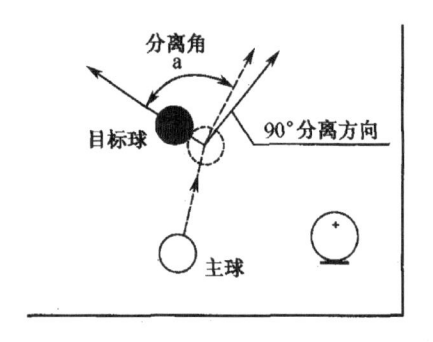

图62 随击时分离角减小

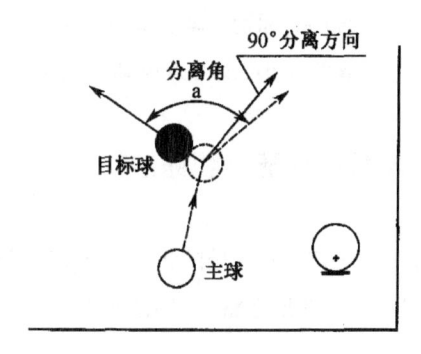

图 63　缩击时分离角增大

利用分离角的不同，依据情况需要，打出不旋转的、上旋的或下旋的主球，即可使主球的走位有良好的效果。

四、撞击力的大小与分离角的关系

主球和目标球的分离角与用力的大小有直接关系，分离角与力度成正比。从力学的观点来看，也易于理解，两球相撞，力

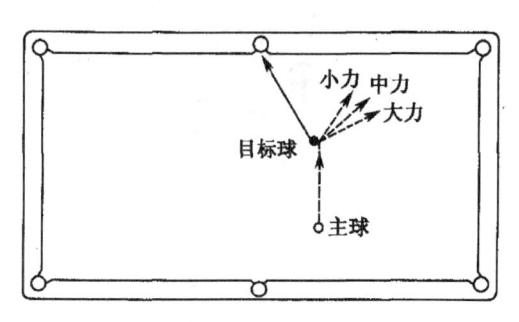

图 64　击球力度对分离角的影响

量越大,反弹的力量越大,因而分离角也大。参见图64。所以,适当地选择击打力量的大小,也可以控制分离角的大小。

五、薄击与厚击对随击和缩击的影响

目标球打得愈厚时,不论是随击或是缩击打法,都使主球在碰撞后的偏向角 q 的变化愈大,即随击或缩击的效果愈大。参见图65和图66。

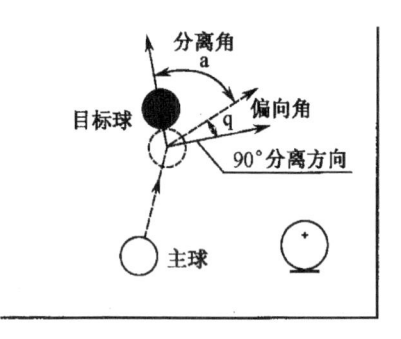

图65 厚击时随击作用增大

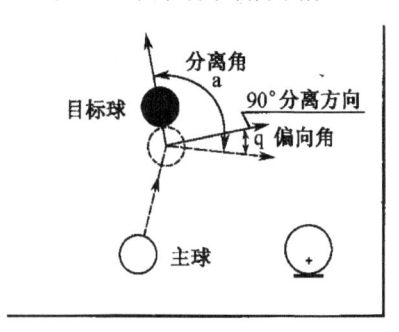

图66 厚击时缩击作用增大

中级阶段

目标球打得愈薄时,不论是随击或是缩击打法,都使主球在碰撞后的偏向角 q 的变化愈小,即随击或缩击的效果愈小,作用因而不很明显。参见图 67 和图 68。

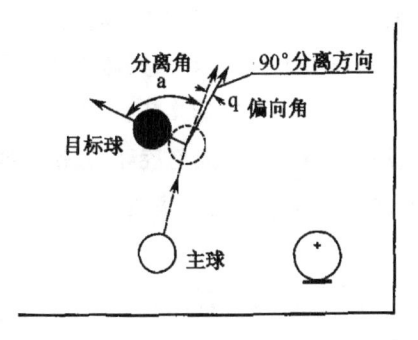

图 67 薄击时随击作用减小

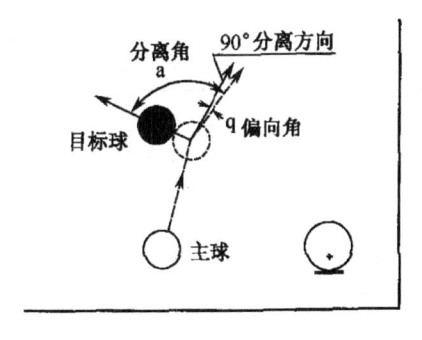

图 68 薄击时缩击作用减小

六、根据不同的分离角采用相应击打方法实例

1. 在图 69 中，主球击打在球台后半区中央前边一点位置上的目标球，使它进入左角底袋。碰撞后，主球常常会落入右角底袋。其实，主球击中目标球时，其球心和左右两底袋间连线的夹角小于 90°，碰撞后，主球本应向 90°角方向滚动，但由于主球受台面摩擦力影响，变成前旋球，致使碰撞后两球的分离角小于 90°，才使主球落入右角底袋。

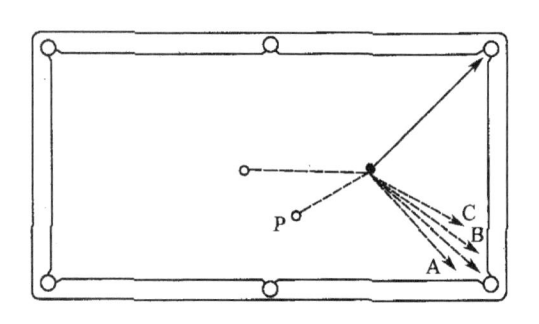

图 69　击打目标球入角袋主球落入另一角袋的实例

如果主球前旋转动更强，碰撞后，两球分开的角度便更小，主球便不会落入右角底袋，而是撞向短边的 B 点。如果以缩击打法，则主球撞击到目标球时，球体伴随着下旋转动，碰撞后两个球的分离角大于 90°，目标球滚入左角袋，主球滚动到 A 点，因此也不会滚入右角底袋。

中级阶段

如果主球在 P 点来击打目标球入左角袋,同样的情况,主球却很少落入右角底袋。因为在该点是厚击目标球,主球的动量大部分传给目标球,碰撞后,由于台面摩擦力的关系,使得主球变成了前旋球,前旋力发生作用,使主球向小于 90°的 C 点左右滚动。这就是目标球打得愈厚,前旋球使角度偏小的作用愈强的现象。

2.在击打目标球时,有时可以进行选择,既可以把目标球打入左角袋,也能将目标球打入右角袋。这时,应该考虑哪种击打更能防止主球落袋。如图 70 中,厚击时,目标球将进入左角顶袋,如果分离角是 90°,主球将向图中 A 点行进,如果分离角小于 90°,主球将有可能进入右角顶袋。而薄击时,目标球将进入右角顶袋,如果分离角是 90°,主球将向图中 B 点行进,如果分离角小于 90°,主球也不会落入左角顶袋。

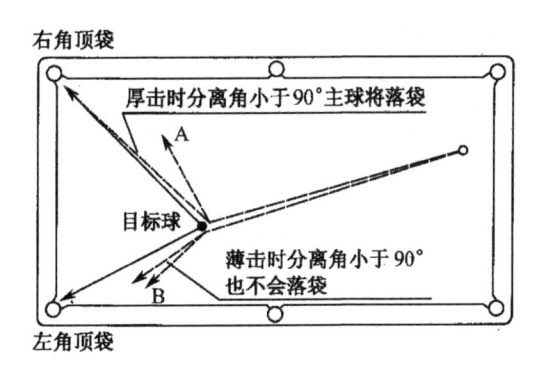

图 70 变换送球入袋的角袋以防止主球落袋

3.不同的球势要使用不同的打法。

(1)图71中,目标球与主球在中袋中心线的同一侧,如果使用随击打法,主球的分离角小于90°,因而有可能落入角袋。如果使用定位或缩击的打法,就不会使主球落入角袋。

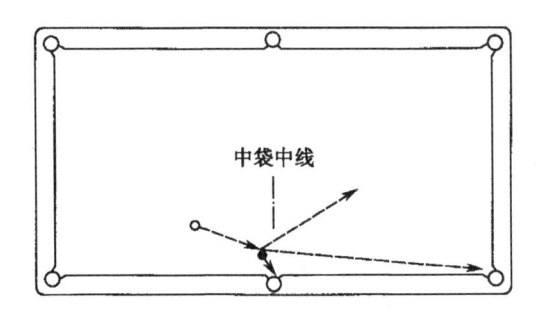

图71 主球和目标球同在中袋中线的一侧击球实例

(2)图72中,目标球与主球在中袋中心线的两侧,如果使

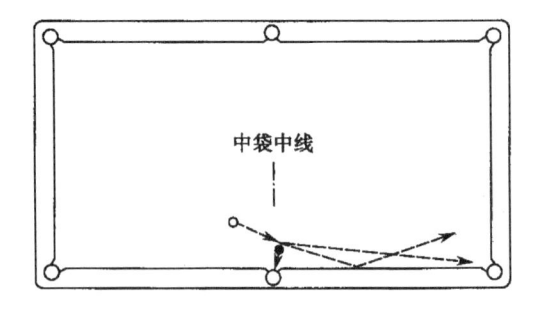

图72 主球与目标球在中袋中线的两侧击球实例

用随击打法,反而因分离角小于90°,主球首先碰到岸边,然后,反弹开来,就不会进入角袋。此时如使用强力击打主球,使分离角等于90°时,就有可能落入角袋。

七、如何防止主球落袋

英式斯诺克台球比赛时,主球落袋将要被判罚,如果是击打红色球入袋,得1分,如果不幸主球落袋将被罚4分,所以这是极不划算的事,而且会将击打的好机会留给对方。在美式9球比赛时,主球落袋将罚任意球,这将极大的影响全局的输赢。所以在击球时,首先应想到的是主球是否有可能落袋,应先观察主球撞击目标球后的行走路线,再观察目标球被撞击后的行走路线,不要简单地只观察较短距离的行走路线。当力度较大或薄击时,还要观察主球吃一库或多库的行走路线,如果有可能落袋时,应改变击打方法,或者改变击打对象。

这里举出一些主球有可能落袋的情形:

主球落袋的原因多半是由于两个袋口正在主球和目标球的分离角为90°的方向上,那么,台面上到底有多少这种情形呢?我们可以利用几何学原理得知,半圆圆周线上的任何一点,与半圆的直径两端组成的三角形,该点即为直角处的顶端,因此以两个袋口的中心距为直径,在台面上画个半圆,如果主球在击打目标球时,正好位于这个半圆的圆周线上,主球与目标球的分离角为90°时,主球必将落入袋中。参见图73。

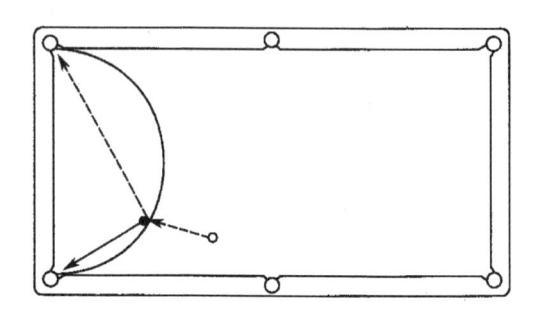

图73 主球撞击目标球时位于两袋口中心为直径的半圆上时自落

根据这个原理,我们可以在台面上找出多个这样半圆,如图74、图75及图76所示。从图中可以得到这样的结论,即球台上有很多的位置可以使主球落袋。因此你必须十分小心,遇到这样的情形,必须击打出分离角不是90°的球,也就是使用随击或缩击。如果目标球与两袋口的张角稍小于90°时,则不宜使用随击,如果张角稍大于90°时,则不宜使用缩击,否则

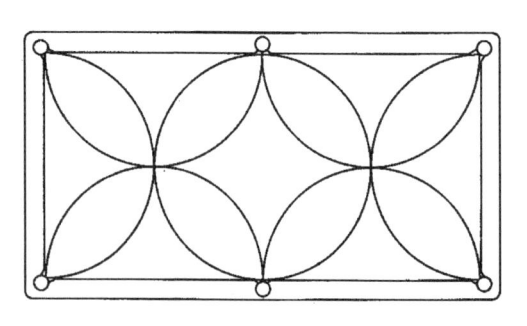

图74 主球落袋位置图之一

中级阶段

主球也将有可能落袋。所以为防止主球落袋,要预先考虑分离角是多少,再采用相应的击打方法才行。

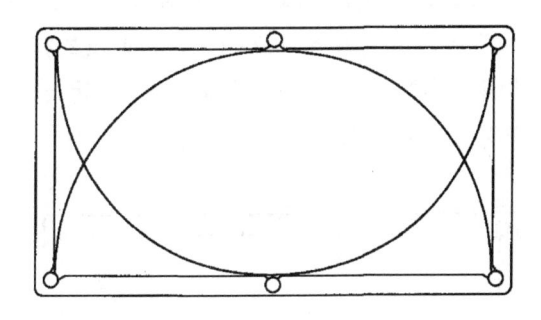

图 75　主球落袋位置图之二

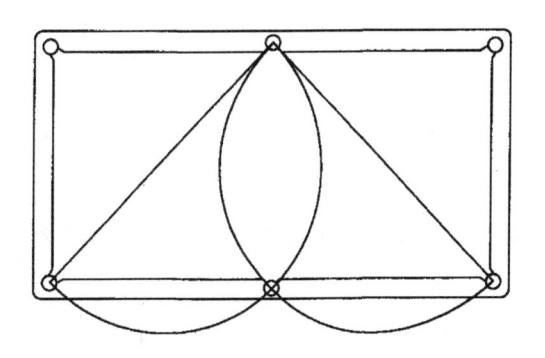

图 76　主球落袋位置图之三

下面举几个主球易于落袋的例子。

1.目标球位于前半台或后半台的两个角袋的中间,或者位于中袋和角袋中间,而且目标球与两个袋口的连线的夹角接近90°时,主球很有可能落袋。参见图77。当目标球位于半个球台中央附近、主球也位于球台纵轴线上时,此时击球最容易落袋。这是由于两个原因,一个是分离角接近90°,一个是主球分程角接近45°(参见"主球45°方向走位的特定路线"一节),如果采用轻轻推击或是大力中杆击球,就会符合上述条件之一而落袋。此时最好采用加塞缩击。

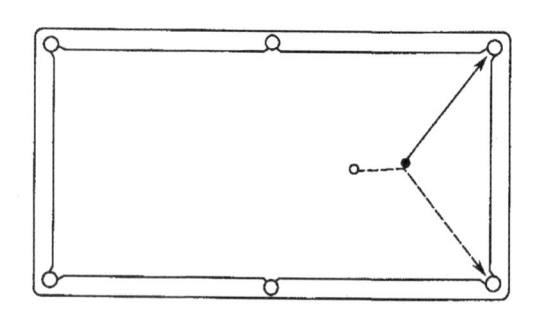

图77 主球与目标球同时落入角袋实例

2.当欲击打目标球进入某个袋口,且采用点击杆法击球,主球碰撞目标球时,其分离角是90°,如果在此方向上有袋口时,即使两个袋口不在对称位置,也将使主球落袋。参见图78。此时应该采用加塞随击或加塞缩击。

3.目标球位于袋口中央附近、击球角度很小时,击打主球的中部或中上部时,或者虽然使用偏杆,但侧旋量较小,而且击球的力量也较小时,主球均可能落袋。当主球距离目标球较远时,即使采用下旋球,由于距离较远,主球最后也将变成

中 级 阶 段

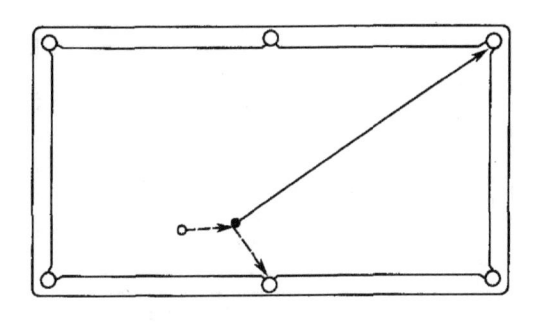

图78　主球与目标球同时落入袋中的实例

前旋球,因此也可能落袋。如果击打的目标球是黑色球时,得失分值总和为14分,它将关系到该盘的胜负。参见图79a和图79b。此时应采用点击杆法加侧旋击球,不要撞击目标球中心,瞄准点要稍偏一点。

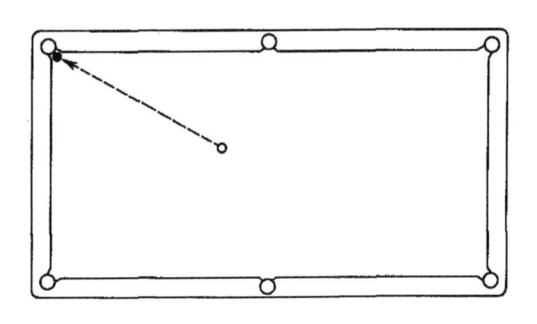

图79a　直线袋口球主球落袋实例之一

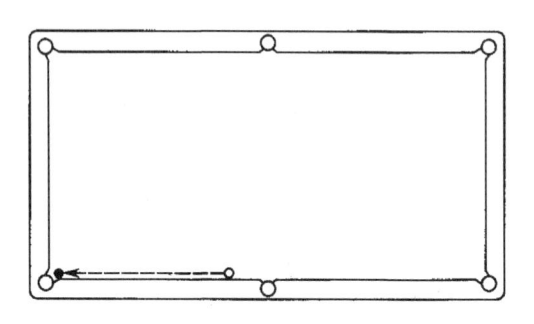

图 79b　直线袋口球主球落袋实例之二

4.目标球虽然不在袋口,如果目标球和主球与袋口三者差不多在一条直线上,击打主球的中部或中上部时,由于主球跟进的原因,主球也可能落袋。如图 80 所示。如果距离较远,即使采用缩击也将落袋。此时宜采用点击杆法加侧旋的击球。

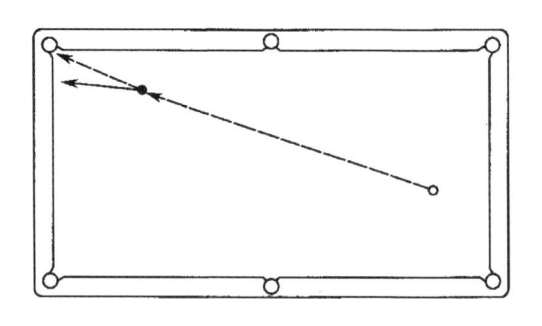

图 80　小角度直线击球主球落袋实例

5. 目标球位于台边,主球也与台边成直角,当使用主球撞击目标球的边沿时,主球很容易沿着岸边滚动,最后落入袋中。参见图81。此时应采用轻击使主球轻碰目标球。

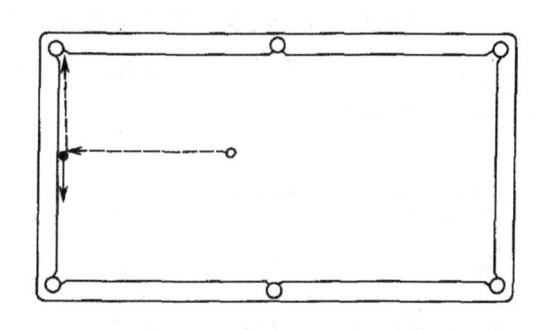

图81 主球薄击贴边的目标球自落角袋实例

6. 当主球斜向击打贴边目标球时,由于前冲力的作用,有可能沿着岸边滚进角袋中。如图82所示。此时不宜企图让目标球离开岸边,而采用前冲力过强的击球。主球应轻击目标球贴岸侧,使目标球沿着岸边滚进角袋。

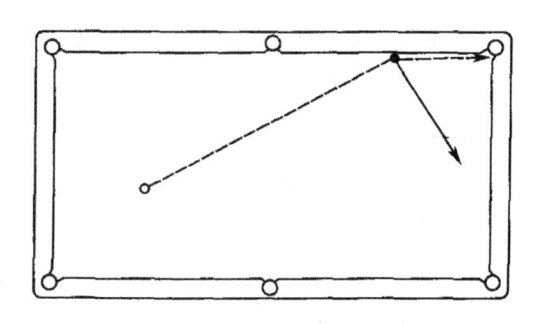

图82 主球斜向击打贴边目标球主球落角袋实例

7.在英式斯诺克台球中,开球时击打红球组一角,如击打过厚或过薄时,主球有可能直接进入顶岸角袋或吃两库后有可能进入开球区的角袋。参见图83。开球时要计算好主球撞击红球组后,在顶岸的吃库点,既不要过于靠近角袋,也不要距离角袋袋口过远。由于平常打球时开球的机会较少,最好专门进行一些开球练习。

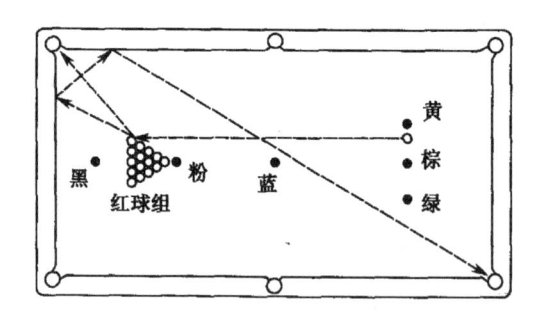

图83 英式斯诺克台球开球主球落袋实例

8.在薄击目标球时,主球有可能吃一库后,落入中袋或角袋。参见图84和图85。切忌不可企图侥幸,采用轻击主球,既想击打目标球入袋,又想避免主球落袋。因为力量过小将达不到目的,力量稍大主球即将落袋。如果一定要薄击目标球时,如图84右侧实例,宜采用中等力量中杆加塞来避开中袋袋口,但是有时计算不准,有可能又落入角袋。最稳妥的做法是采用随击加反侧旋。而图84左侧实例和图85实例中,都存在击球过薄、有可能失误的危险,这时应采用翻袋打法,

中级阶段

即:用主球撞击目标球,使目标球吃一库后翻进中袋最为稳妥,而且命中率较高。

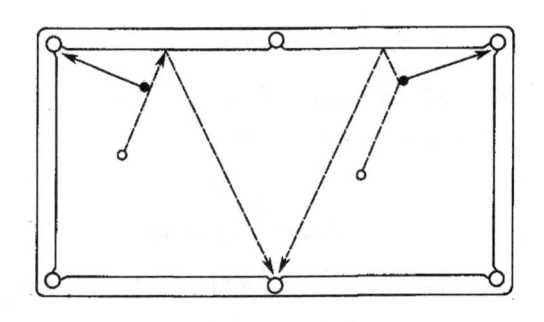

图 84　主球薄击目标球落入中袋实例

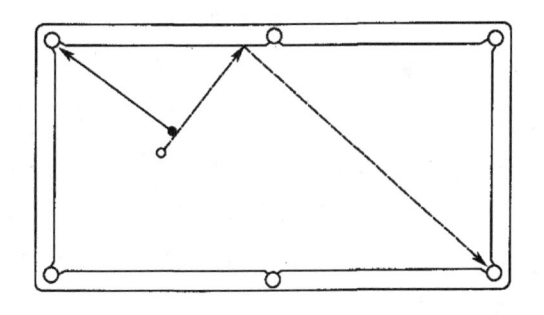

图 85　主球薄击目标球时主球吃库后落入角袋

9.击打主球用力较大或薄击目标球时,主球将有可能一次或多次碰到台边而导致主球落袋。通常情况下尽量采用较小的力量击球并尽量避免薄击。

八、如何击打紧贴台边的主球

主球贴边时,容易发生击球失误。斯蒂芬·亨得利就因为一个小角度的中袋球,主球靠近台边而失误,送给达赫迪一局,而未能进入决赛。如何打好这种球呢?球杆与球的垂直平面上的角度不能过大,也不能绝对水平,大约在 5°~10° 较佳。因为太平时容易产生滑杆,太斜时球杆与台面的合力可能影响主球走向。同时要注意,此时手架距离球很近,由于身体靠前,眼睛位置也随之靠前,这都容易导致方向的偏差。为此应该尽量将身体向后退,注意眼睛要保持在杆上,打好主球贴边球,其中手架占有重要因素。有两种可用手架方式,第一种是左手尽量平伸,中指和食指顶着台边边沿,拇指与食指形成手架缺口,球杆基本平放在手架上。这种手架的好处是,手架距离主球尽可能地远一些,以保证击球的准确性,但是它的稳定性稍差。第二种是食指、左手中指、无名指、小指四个手指平放在台边,大拇指上翘与中指末端形成 V 字形缺口,球杆适当地平放在缺口上,然后击出。这种手架比较稳定,只是手架距离主球稍微近了一些。

由于手架距离主球很近,所以握杆要较正常短一些,这样会感到舒适,但是如果球杆重心偏后时,则要向后握杆,眼睛要注意杆身轴方向是否对准目标。为了保证击打的准确性,要注意尽量击打球的中央部分,同时要注意肘臂位置正确,确保球杆笔直地送出,在没有必要时,击球的力量不应太大。

中级阶段

练习击打这种球,可以将多个球放置在球台短边的一侧,使用球杆将这些球逐个准确地击入远方角袋中。或者将10个球分别分散地放在两个短岸边,然后一一对应地击打它们,要求击中对应目标球的中心,达到指左打左,指右打右为合格。

由于主球紧贴台边,无法击打主球的中下撞点,这时必将击出跟进球,如果这时击打停在袋口的目标球,就极有可能使主球落袋。此时应该不直接击打目标球,而应先使主球吃库后再薄击目标球使之落袋。这样不但能够防止主球落袋,而且还能获得较好的主球走位。如图86所示。

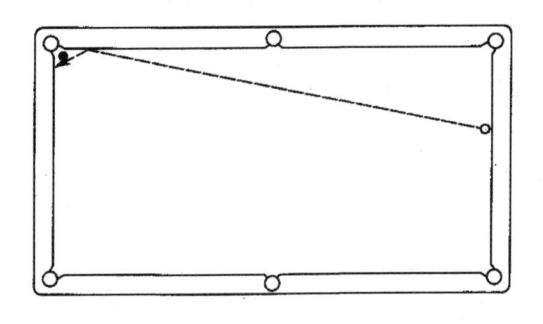

图86 主球贴岸利用吃库击打远方角袋口目标球

九、如何防止目标球从袋口中弹回

初学者常常遇到这样的情况,击打的路线很准确,但是目标球却从袋口内弹出。这种情况往往是主球、目标球和袋口基本在一条直线上,击打主球的中心,使目标球向前直冲,撞到袋口的后沿而被弹出。要防止出现上述情况,应该击打主球的中心下的撞点,使主球有一个向下旋的力量,当碰到目标球后,目标球因受到主球和台面的挤压,目标球就获得一个前旋的力量,当进入袋口后,碰到袋口的后边时,目标球将向袋的下部旋转,就不会弹出了。

如果不需较大的击球力度时,也可采用弱击,使目标球将到达袋口的里边一点,撞击不到袋口的后沿,自然也就不会弹出了。由于力度较小,即使碰到袋口后沿,也不会弹出来。

十、如何击打紧邻角袋口的目标球

1.目标球就在角袋口的边沿,只要轻轻一碰就可入袋,击打此种球需要格外小心。必须使用侧旋球,撞击目标球的一侧,主球碰到目标球后,使主球改变方向,否则主球很容易落袋。参见图87。

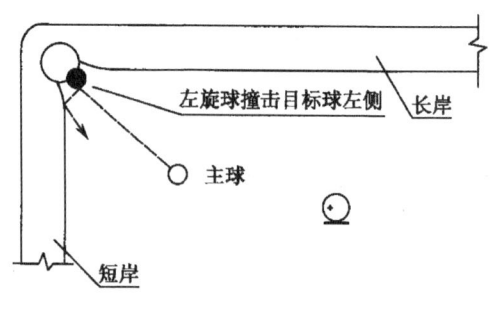

图87 侧旋球击打袋口球实例

中级阶段

如果距离较近时,也可以使用缩击加侧旋。另外也可令主球吃一库后再薄击目标球使其入袋。如图 88 所示。

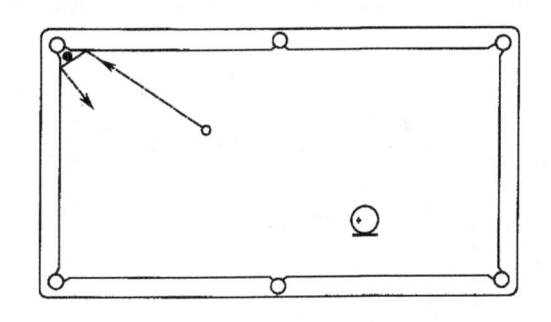

图 88　主球吃库后薄击袋口目标球入袋

2.目标球紧贴在角袋的边沿一侧时,也可直接撞击目标球,经二次碰撞后,目标球会落入角袋。参见图 89。

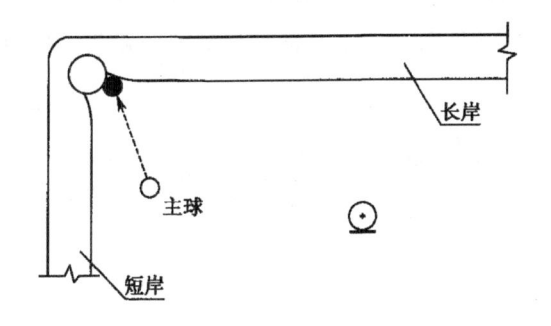

图 89　利用主球二次碰撞袋口边沿一侧目标球入袋

3.当两个球都紧临袋口时,要打入的目标球稍稍在前面一点,另一个球在右侧时,可撞击目标球中心或中心偏靠岸边一点,能够将该球打入,另一个球不会入袋。参见图90。

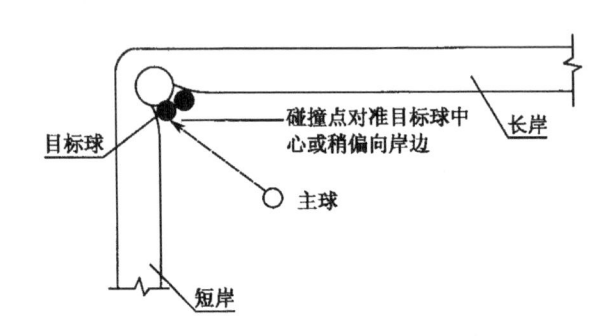

图90　角袋口二球击打实例要打的球在前

4.当两个球都紧临袋口时,要打入的目标球稍稍在后面一点,另一个球在前面时,可撞击目标球中心偏靠袋口中心一点,即使目标球碰撞袋口边沿,也能够将该球打入,另一个球不会入袋。参见图91。如果撞击目标球偏靠袋口边沿,目标

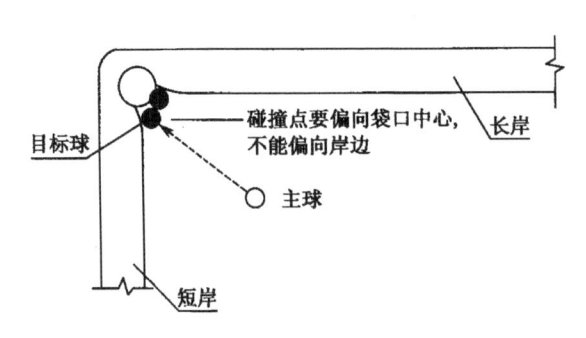

图91　角袋口二球击打实例(要打的球在后)

球将碰撞另一个球,目标球将不能入袋,而且另一个球还可能落袋。

5.当角袋袋口处有球遮挡了袋口的一半时,可照直击打目标球,使目标球直对剩余的缺口中心前进,目标球将进入袋中,并可能挤开障碍球。参见图92。

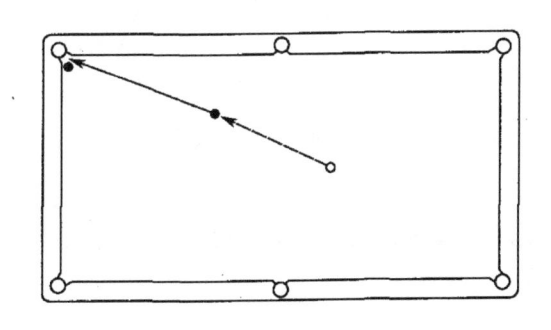

图92 角袋口有球遮挡一半时击打实例

十一、如何击打目标球入中袋

击打目标球入中袋时,一般宜使用轻击,使目标球刚好进入袋口,没有什么反弹的力量,因而易于滑入袋中。在十分有必要时,如主球走位的需要,或想要炸开红色球组,才可使用较大的力量击球。因为力量大时,目标球行走路线可能出现偏差,目标球将被袋口边沿弹回。

当目标球位于中袋口的中心边沿时,如主球也正对着袋口中心时,应采用缩击,或缩击加侧旋,以防止主球落袋。

当要打的目标球紧贴中袋口的右边沿的内侧时,主球又位于中袋的左侧,此时可用主球笔直地撞击目标球中心,目标球将滚入中袋。参见图93。

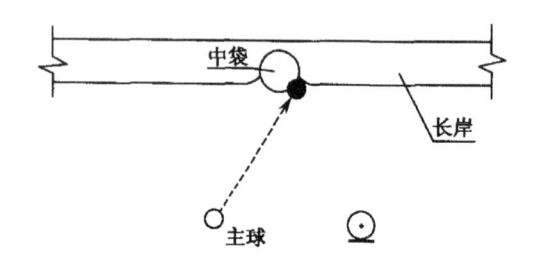

图93　直接撞击紧贴中袋袋口边沿一侧的目标球入袋

十二、如何击打翻袋球

当目标球进入中袋或角袋袋口的角度偏小时,如果直接击球入袋,要求瞄准和击打十分精确,这时宜采用翻袋打法,将目标球撞击到对面的中袋或角袋。因为翻袋时袋口的入球角度较大,易于将球打入袋中。但是,翻袋球较直接切击有更多的未知因素,因此,如有可能应首先采用切击,使目标球直接进袋。

翻袋球有三种情况:1.目标球距离岸边有较大的距离。2.目标球与岸边有一个球的距离。3.目标球紧贴岸边。

第一种情形,首先在台边找出目标球和袋口之间的入射

中级阶段

角与反射角相等的点,然后根据瞄准原理,找出主球与目标球应该向左或向右错开毫米数,再采用中杆击打主球,使目标球在这个点上吃库。或者先找出主球和目标球中心连线与台边形成的反射角,看其是否对准袋口,然后再对主球撞击目标球的碰撞点,进行相应修正。参见图94。当击打翻袋球时,如果自然角稍稍偏离袋口时,可利用击球力度来调节。如果自然角到达袋口时嫌反射角偏小,可采用轻击来展宽之,如果嫌反射角偏大,可采用强击来缩小之。

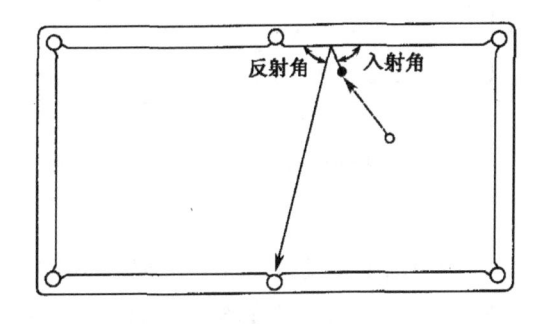

图94 翻袋球入中袋的击球实例

第二种情形,当目标球与岸边相距仅有一个球左右的空隙时,主球的击打入射角不能太大。例如70°以上时,即近似于垂直对着岸边时,由于主球将与从岸边弹回的目标球二次相撞,因而无法完成翻袋。当目标球翻袋有可能产生二次相撞时,可以采用缩击使主球碰到目标球迅速回撤,就可避免二次相撞。如果没有把握,也可改变打法。

第三种情形,当目标球位于中袋与角袋的中间岸边时,主球无论是在目标球的哪一侧,也就是说目标球的行走路线与岸边成60°角时,按照入射角等于反射角原理,采用中杆均可撞击目标球入中袋或角袋。参见图95。

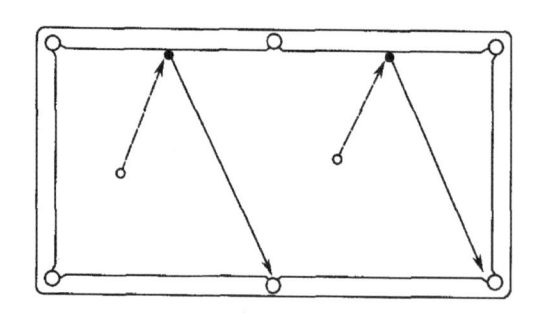

图95 击打贴边的目标球入中袋或角袋实例

如果目标球距离中袋或角袋30~40厘米的岸边时,还想打翻袋球,那就要求目标球的行走路线与岸边所成角度比60°更大。这时,目标球从岸边弹起时,将被主球所阻挡,目标球在主球和岸边的夹持下,并不是按照第一种情形的计算法行进,而是将以主球碰撞目标球的边沿和岸边的夹角的平分线前进,这就是为什么有时你瞄向中袋,而实际目标球却滚入角袋中的原因。参见图96。

当目标球在中袋附近贴岸,且主球与目标球同在长边的一侧时,此时可薄击目标球。由于是薄击,主球撞击目标球后,即行离开,目标球不会第二次碰到主球,所以能使目标球

中级阶段

翻至对面的中袋内。参见图 97。

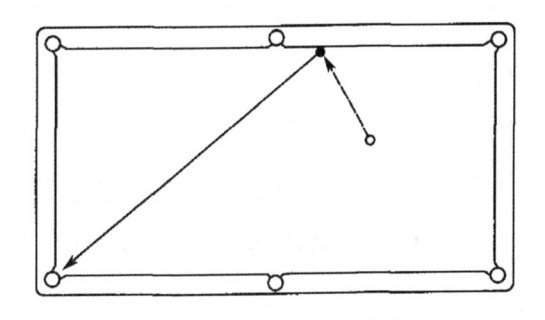

图 96　翻袋球入角袋的击球实例

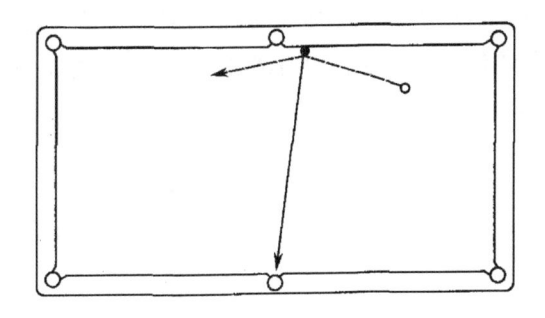

图 97　薄击目标球翻中袋的实例

以上举例均为横向翻袋,纵向翻袋原理相同。图 98 是一纵向翻袋的例子。目标球在短岸边附近,可以利用翻袋球将目标球击入对面的角袋中。

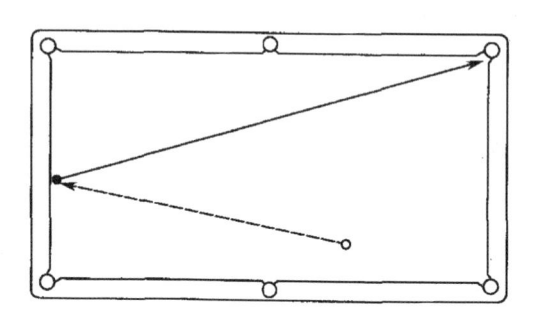

图98　纵向翻袋使目标球落入对面的角袋中

打翻袋球时要考虑是否可能给对方留下机会,只有当主球将走位到安全的位置时方可击打翻袋球。

美式9球击打翻袋球入角袋较中袋更为容易。这是因为目标球虽未正对袋口,但碰到短边后有可能沿着岸边滚动,最后碰到角袋外角而落袋。中袋则必须正对袋口中心才行。如图99所示。

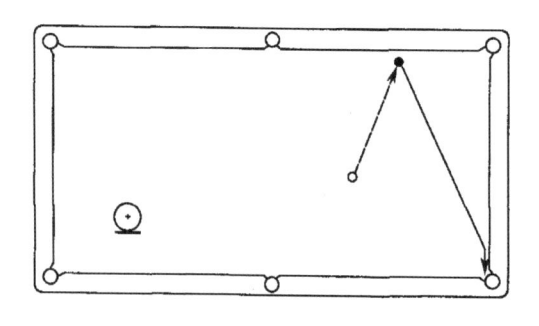

图99　翻袋球送目标球入角袋实例

中级阶段

然而,击打翻袋球使目标球进入角袋,较进入中袋更难控制主球,它有较大的危险,主球经常会停留于台子的中间。

十三、如何击打贴着台边的目标球入相邻角袋

击打贴岸球的方法有两种,现在分述于下。

1.轻击主球,最好使主球稍稍首先碰到岸边(提前量约为1毫米),然后碰到目标球,这样可使目标球沿着台边滚动,滚到袋中。参见图100。如果同时碰到岸边和目标球,由于投掷效应,将使目标球从岸边弹开。

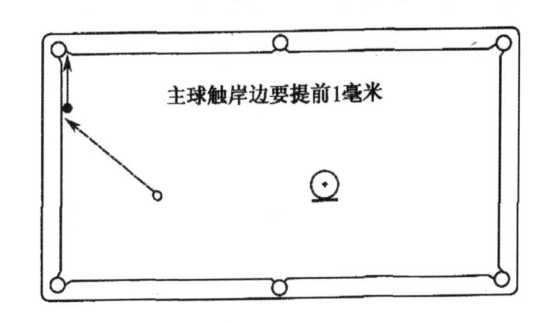

图 100 主球轻击目标球与岸边中间使目标球入角袋

这种击球方式如果击球角度较大,给予目标球的力度不够大,目标球将滚动距离较小。所以当击球角度较大,而且目标球又距离袋口较远时,不宜使用。

2.贴岸球击球角度小于45°时,需要采用一点内侧旋即反

杆。对待贴岸球应该仍然使用击打台子中间球的瞄准方法，用力不要太猛。使用反杆稍稍用力，即欲撞击目标球的右边时，要击打主球的左边，欲撞击目标球的左边时，要击打主球的右边，同时，要先碰到台边，然后从岸边弹起，再碰到目标球。由于主球碰到台边后，在弹起的瞬间与目标球摩擦，目标球的另一侧又有岸边阻挡，因而能使目标球产生较强的旋转，其旋转方向是沿着台边滚动，即使碰到袋口的对面边沿时，也能滚入袋中。参见图101。这个提前量过大过小，均不能把目标球切入角袋。在主球的一边与岸边相接触时，另一侧与目标球相距为2～3毫米，最容易将目标球切入袋中。这种击球方式能够给予目标球以较大的力量，可以使目标球滚动较远。比较适合在击球角度较大、目标球距离袋口较远时使用。

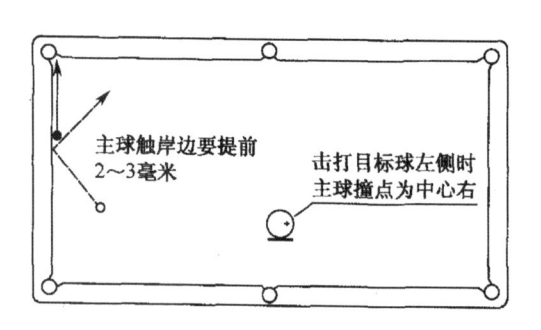

图101　目标球贴边时反杆侧旋击球实例

中级阶段

当贴边球的击球角为45°或更大时,宜考虑采用翻袋球的击打方法。当目标球离角袋口较近时,也可采用反杆薄薄地切击的方法,将目标球击入袋中。

十四、主球和目标球贴在同一岸边时如何击打

主球和目标球贴在同一岸边时,有两种击打方法,一是使用中杆轻球,使目标球将能到达角袋的远角内边沿,然后碰落袋中。二是采用轻度中杆稍偏左,如图102左边所示,或者轻度中杆稍偏右,如图102右边所示。

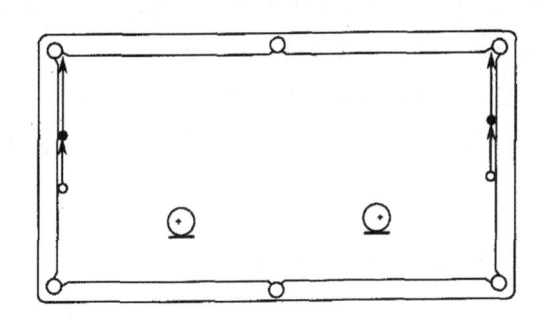

图102 主球和目标球同贴在一个岸边击球实例

注意,撞击点不要偏离中心太多,否则容易弹离岸边或袋口。只要使目标球稍有轻微的侧向旋转,其旋转方向正好沿着岸边滚动,球的力度刚好到达袋口远角内边沿,最后旋进袋中。这里有一个规律,无论两个球贴在哪一岸边,初学者只要

记住,瞄准主球中心并稍向岸边偏移一点即可。

十五、如何击打稍稍离开台边的目标球入袋

此种球较难击打,角度稍有偏差,将会碰到岸边反弹开来。因此击打这种球时,一方面要更加准确地掌握击球角度,另外还要使目标球碰到袋口边沿时,有一种向袋中旋转的力量。即击打主球时,使主球有侧向旋转,当碰到目标球后,使目标球具有侧向的旋转,目标球碰到袋口左边时,应该是左旋球,目标球碰到袋口右边时,应该是右旋球。所以,当主球与目标球同在岸边的一侧,目标球靠岸较近,主球离岸较远时,应该采用正杆击球。参见图103左边所示。

如果主球与目标球虽同在岸边的一侧,但主球较目标球更为靠近岸边时,这时应该采用反杆击球。参见图103右边所示。

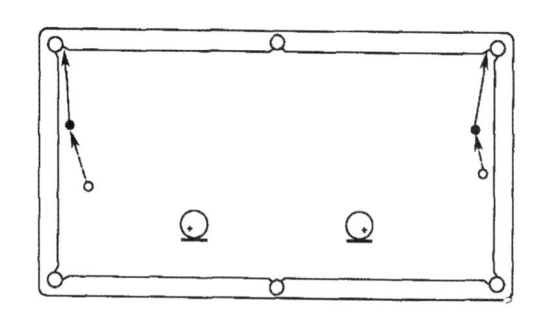

图103 稍稍离开岸边的目标球击打实例

中级阶段

此外,可以把瞄准点稍稍偏向袋口的外角,这是指距离目标球较远的袋口边沿,击球的力度也要轻一些,当目标球碰到袋口外角内沿时,就会碰落袋中;如果力度较大,或者碰到袋口的内角,即距离目标球较近的袋口边沿时,目标球将被弹出。

十六、吻击的击打方法

有时主球撞击目标球,不可能直接落袋时,可以利用吻击使目标球落袋。吻击的击打方法是:主球先撞击目标球,再使目标球去轻轻碰撞在袋口附近的另外一个球,然后分离,目标球改变了原来行走路线,因而落入袋中。参见图104。吻击实际也是借力球的一种,参见借力球部分。

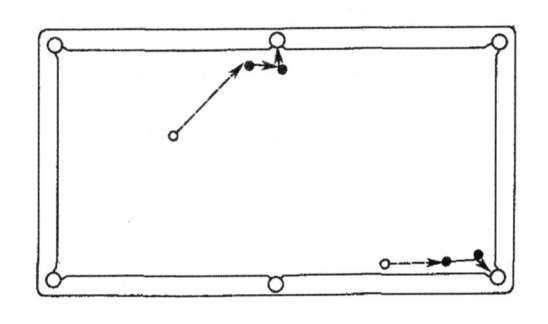

图104 吻击的击打实例

十七、借力球的击打方法

击打借力球时,不可能有很高的成功率,因此不要经常企图击打借力球。但直接击球没有机会时,也可采用借力球而得分。

借力球可以分为两种,即直接借力球和间接借力球。

直接借力球是主球直接撞击第一目标球,然后主球再去撞击第二目标球,使第二目标球落入袋中。参见图105。

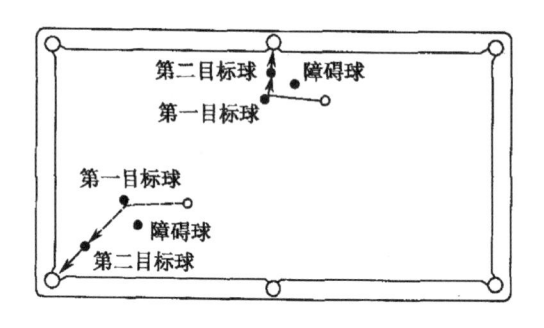

图105 直接借力球的击打实例

这种击打方法的要领是:采用不旋转球时,主球与第一目标球的分离角为90°,使主球的行进方向正好将第二目标球撞入袋中。

间接借力球有两种情形:

第一种情形是主球击打第一个目标球,使第一个目标球

中级阶段

再去撞击第二个目标球,最后使第一个目标球落袋。参见图106和图107。

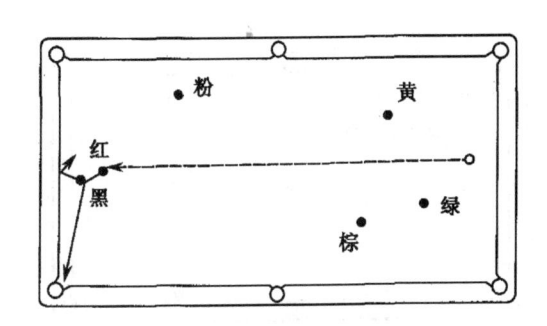

图106 间接借力球红球碰黑球红球入袋实例

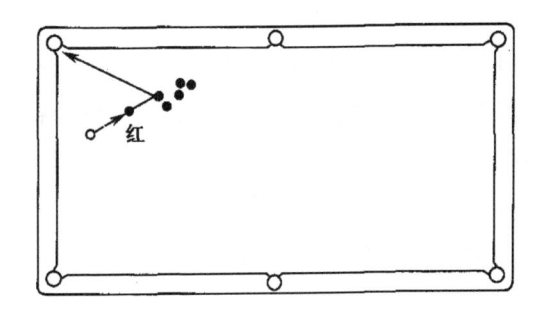

图107 间接借力球利用反弹送红球入袋实例

如图中所示,此时薄击亦没有下袋的可能性,却能撞击目标球,使目标球再撞击另外的球,经过反弹,使目标球进入袋中。

第二种情形是主球击打第一个目标球,使第一个目标球再去撞击第二个目标球,最后使第二个目标球落袋。参见图108。

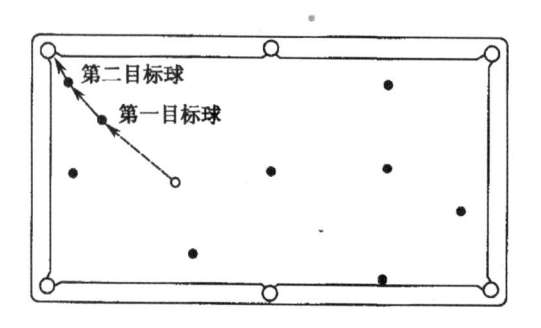

图108 间接借力球利用串击使目标球入袋实例

这种击打方法的要领是:首先考虑第二个目标球的击打部位,然后再考虑如何击打第一个目标球,使其能够撞击到第二个目标球的应该打到的部位。

十八、如何击打吻球

两个球接触在一起时,称为吻球。吻球有它的特性,后面的球受到碰撞后,前面的球将朝着两个球的中心连线所指方向滚动。吻球的中心连线正对袋口时,所谓自然角,只要任意击打前一个球,后一个球将进入袋中。参见图109。不过如果极薄地击打吻球,由于传递的力量太小,会使目标球滚动得不远，因而不能落袋。

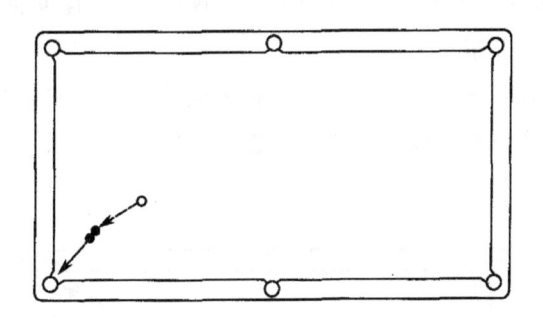

图109 吻球的自然角正对袋口的击球实例

吻球常常产生在红球组中间，需要细心观察才能识别出来，击打吻球采用缩击时，要注意其反弹力较一个球时为大，可以缩得更远。

当吻球中心连线不正对袋口时，如图110所示，可采用上

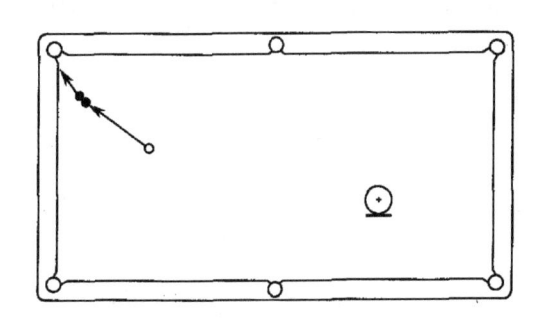

图110 吻球中心连线不正对袋口时上定位球击球实例

定位球的击打方法,击打第一个球的右侧,主球碰撞第一个球后,继续向前滚动,主球再与第二个球的相撞,有可能将第二个球击入袋中。

击打吻球时也要注意主球有可能落袋。图111和图112所示是吻球和主球三个球同时落袋情形。

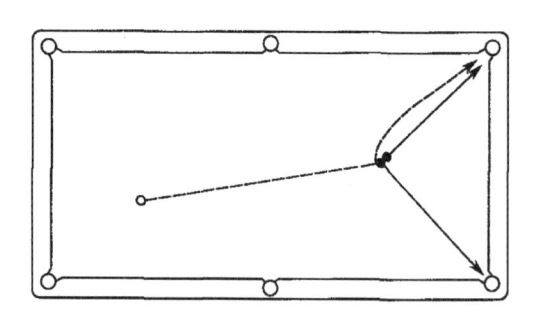

图111　击打吻球三球同时落袋实例

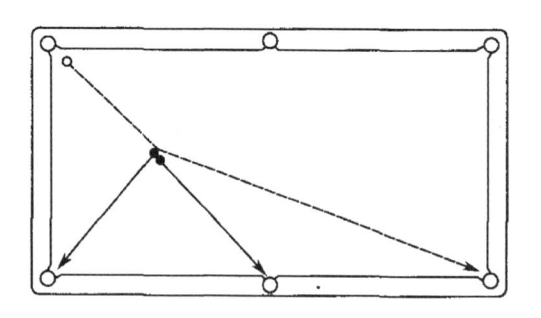

图112　击打吻球三球同时落袋实例

中级阶段

用无侧旋的主球撞击目标球时,两球的分离角为 90°,吻球受到主球撞击后,两球的分离角也是 90°,前面的球沿着吻球中心连线方向滚动,后面的球则朝着垂直于吻球中心连线的方向滚动,即朝着吻球的公共切线方向滚动。因此,如果吻球公共切线的方向上有袋口时,则吻球后面的球很容易被打进袋中。

当吻球组公共切线正对袋口时,可用主球击打其中靠近主球的目标球使其落袋。

在图 113 中,在中袋附近有两球相贴,其公共切线正对着袋口。

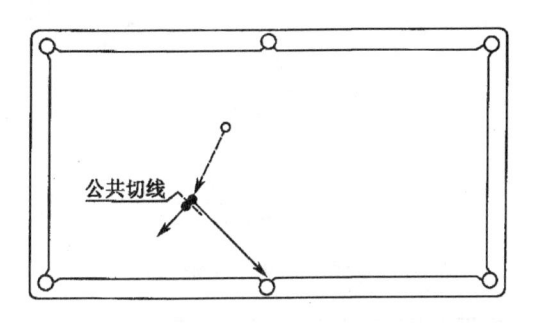

图 113 吻球的公共切线正对中袋袋口的击打实例

在图 114 中,在角袋附近有两球相贴,其公共切线正对着袋口。

当红色球紧贴原位蓝色球时,其公共切线正对中袋袋口时,如红色球稍偏左边,可用主球击打红色球右边,红色球将落入左边中袋。如红色球偏右,可用主球击打红色球左边,红色球将落入右边中袋。如图 115 和图 116 所示。

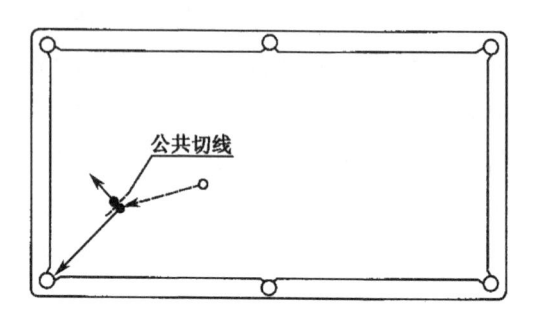

图 114　吻球的公共切线正对角袋袋口的击打实例

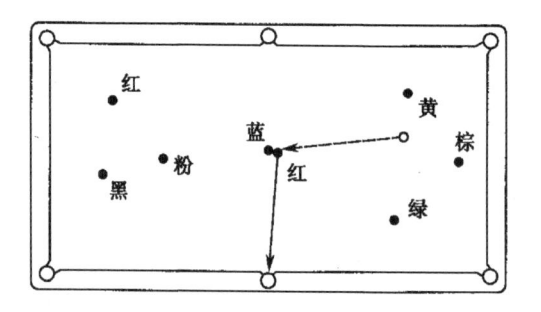

图 115　蓝球在原位时的吻球击打实例

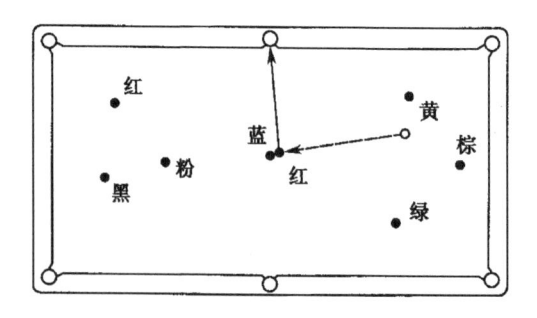

图 116　蓝球在原位时的吻球击打实例

中级阶段

十九、如何击打倒顶球

如果直接撞击目标球很难送入袋中,或者有障碍球阻挡,无法直接撞击目标球时,或者当采用翻袋球容易造成主球二次碰撞目标球时,均可使用倒顶球打法。这样就可避开上述问题。

例如图117中,主球将目标球倒顶入中袋。

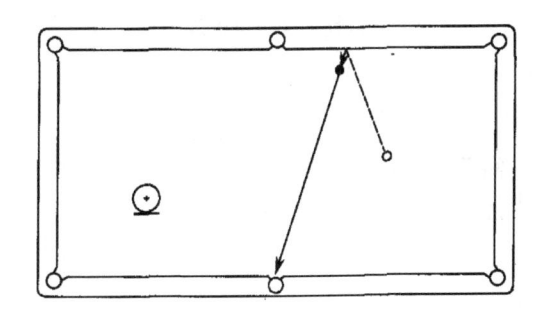

图117 倒顶球送目标球入中袋实例

又如,目标球在中袋袋口旁边,主球位于目标球的对面,此时直接撞击目标球将难于落袋。可如图118所示,采用倒顶球打法,即击打主球吃库后,再去撞击目标球,使目标球落入中袋内。

又如图119所示,目标球位于角袋袋口,但是主球旁边有球阻挡,无法直接击打。此时可采用倒顶球,即击打主球吃库后,去撞击目标球,使目标球落入角袋中。

图 118　倒顶球击打中袋袋口旁边的目标球入袋

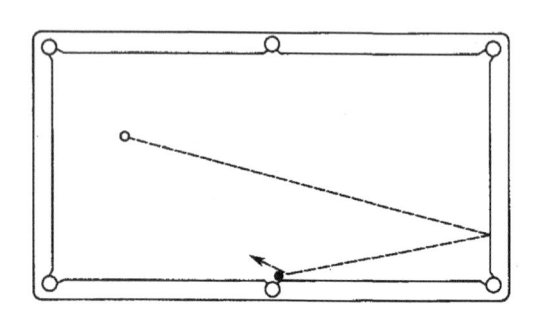

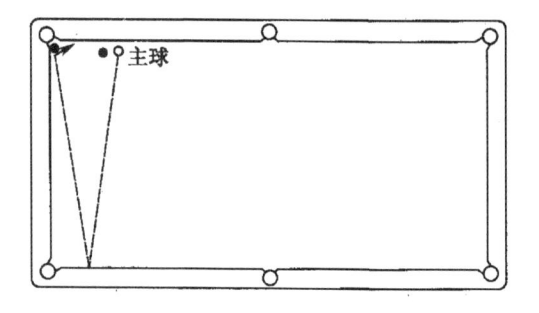

图 119　倒顶球击打角袋袋口旁边的目标球入袋

二十、如何处理在岸边附近难打的球

贴近岸边的球比较难于击入袋中,较好的处理办法就是提前将贴近岸边难于击打的球踢离岸边,就是利用在上次或者前几次击球入袋时,有意识地利用主球走位或红色球撞击将其碰撞,使其离开岸边,以便下次容易击球入袋。在图120中,当送蓝色球入中袋时,利用半球自然角吃两库后踢开靠边球,如果不是自然角时,也可采用少许左旋或右旋来调节路线。

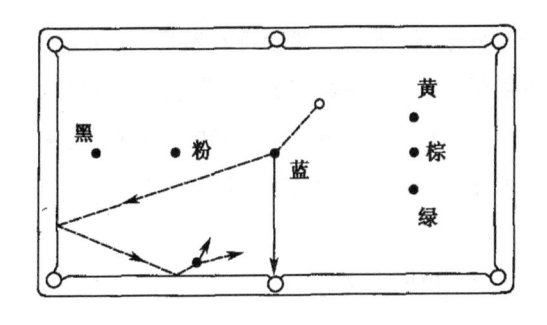

图 120　踢开岸边球的实例

二十一、如何打搓球

搓球是一种特殊的缩击球。台球中的搓球有些类似乒乓球的搓球,当用球拍向前搓击乒乓球时,乒乓球碰到对方球台后会向后跳起。搓球能够稳定地击出小距离的缩击球,击球时手架要求高一些,球杆的末端抬高,斜着朝向主球的中下部,让球杆杆头的上半部触球。参见搓球击打方法示意图121。

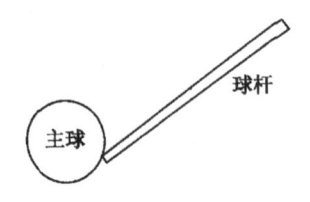

图 121　搓球击打方法示意图

由于球杆倾斜,所以击球后没有跟进,这样主球就会具有适度的下旋量,当主球撞击目标球后,主球向后滚动 30 厘米左右距离,当主球与目标球相距 30 厘米左右时,采用此法较为适宜。使用架杆时也能够容易地打出搓球。

二十二、如何打跳球

为什么撞击主球时,有时主球会跳起呢?这是由于球杆杆头部自上而下斜向撞击主球时,球杆撞击主球的力与台面的反作用力联合作用下,使主球离开台面而跳起,跳球击球法即是利用这个原理。跳球在美式台球中,用于直接跳过附近的障碍球,然后去撞击目标球,这样不仅救到障碍球,还更容易使目标球落袋。图 122 为利用跳球击球入袋实例。

美式台球比赛规则为了防止击打跳球时,球员用球杆将球铲起,要求球杆不得撞击主球的下半部,否则犯规。因此击打跳球时,只能撞击主球的中心稍上一点,为此球杆的末端要高高抬起,球杆的倾斜角要大于 30°,更多的时候要在 45°以

中级阶段

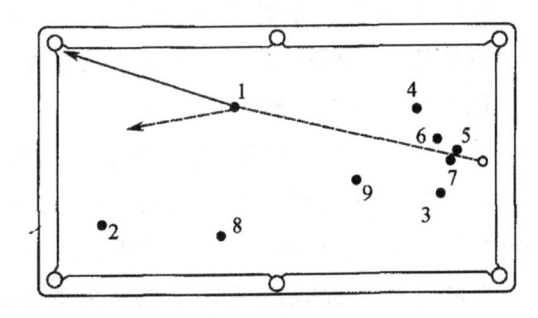

图122 美式台球中利用跳球击打目标球入袋实例

上。使用大力点击击打主球,撞击点必须在主球的正中央,不能偏左或偏右,即不能带有侧旋,否则会影响主球行进路线。为了准确碰撞目标球,应该首先将球杆放低,瞄准点对准后,再沿着垂直面将球杆末端抬高,到达适宜的击球角度后再出杆击球。参见跳球击打方法示意图123。跳球持杆方法有两种,一种是与普通击球相似,为了使球杆达到应有的倾斜度,必要时脚跟需提起,或者前臂侧伸。另一种持杆方法是将球杆斜放于右肩前,右臂弯曲,肘部朝下,前臂上举,球杆后把置于虎口内,用拇指和食指握杆,类似投掷飞镖的样子,所以这种击球方式被称为飞镖式跳球法。

跳球的应用范围有一定局限性,主球的位置必须靠近库边,以便球杆末端能高高抬起,并且障碍球距离主球不能太近

图123 跳球击打方法示意图

或太远，太近时主球跳起容易碰到障碍球，太远时主球将较难越过去。跳球是花式9球的高级技巧，使用时有较大风险，只有在没有其他方法可用时，才冒险一试。

在斯诺克台球中，当主球与目标球近乎相贴时，除了采用反方向或旋转击外，为了进球也可朝着目标球方向出杆。为了避免因杆头同时撞击主球和目标球而犯规，可以采用上述跳球技法。此时因为目标球距离主球非常近，当主球跳起时，首先碰到目标球的中下部，因而不算犯规。

高～级～阶～段

因为缩击球、侧向旋转球和主球精确走位的难度较大,所以将这部分留在最后来介绍,这也符合逐渐深入的规律。

一、高级阶段的目标和要求

高级阶段的目标是,进一步巩固入门阶段和中级阶段击打技术,掌握缩击的击球技术,理解侧旋球的原理,全面掌握台球的各种击球技术,能够完成通常的走位任务,能够制作障碍球和解救障碍球,初步掌握台球的战略和战术。要求掌握主球和目标球的滚动距离关系和薄击与厚击的差异,学习各种走位实际例子,掌握炸球、弧线球、吃库球的技术。要求提高中长距离球的击打技术,掌握建立高分和安全击的方法和学好斯诺克台球的收盘技术。

二、揭开缩击的神秘面纱

缩击虽说是台球击球技法中较难的一种,但是它并不是很难掌握的,主要是前人书籍中未能将其核心要领说清楚,容易导致球员走入误区。根据本人的实践经验总结如下。

打好缩击有五个要素：(1)球杆运动的速度要快。(2)球杆自然、笔直地跟进。(3)手架要尽量降低,击打主球的中下撞点。(4)球杆平行于台面击球。(5)皮头要有足够的摩擦力。

经过多年研究缩击球以后,得出如下结论:缩击后主球向后运动的距离长度与球杆速度和球杆跟进距离两者成正比。所以你要想打出较长的缩击球,必须将球杆快速挥动。注意这儿讲的是球杆前进速度要快,而不是力量。同时,球杆要在击打主球后,穿越主球原来位置向前跟进的距离尽量长。这是什么原因呢？为了说明这个道理,读者可以想像一个悬在空中的车轮,车轮的中轴固定,你怎样才能用球杆使车轮向后旋转更多的圈数呢？你不能轻轻点一下车轮下部,它肯定仅仅向后转一点,你必须给车轮一个较快的冲击力,而且你必须将球杆冲过车轮底部,这样才能给车轮更多的旋转动能,以确保它向后旋转更多的圈数。台球就像这个车轮一样,你必须对它的底部边缘给予一个较大的冲击动能,才能使它向后走得更远。缩击的五要素中速度是决定性要素,如果速度变慢,即使跟进较长,只能形成推击,而撞击点偏高,将使主球得到的冲击动能变小,球杆若不能平行于台面,则跟进距离不可能大,当球杆稍有倾斜,跟进距离很小,如果球杆速度足够快,也能打出较大距离的缩击球,皮头打滑则不能将球杆的动能完全传给主球。

为了提高球杆运动速度,单凭前臂或者单凭手腕的快速摆动是不够的,要想获得更高的速度,必须前臂与手腕协调一致地挥动。此外还必须给予球杆以必要的运动距离,以便球杆能够得到足够的加速度,这就要求手架距离主球尽量远一些,为了使跟进距离加长,握杆的手尽量要靠近球杆末端一些。

许多球员永远不能精通缩击,只是由于他们对它产生压力,对爆发力产生了误解。他们总认为缩击与中杆击球不一样,不是轻松地击球,而是采取突然地猛击。这是学不好缩击的主要原因。不要用力猛击,要像击打中杆时一样自然。

注意降低手架,撞击主球中下撞点。手架要尽量降低,以便球杆与台面保持平行时,仍能够击打到主球的较下部位。在不失误的情况下,撞点要求尽量低。但是不要击得过低,通常撞击点距离主球中心的长度约为主球半径的3/4处。

正确握杆,后摆时杆尾不要抬高,前摆时杆头不要抬高,始终保持球杆与台面平行。缩击失败的原因是由于未能击到想要击打的部位和球杆不能够正常的跟进。不要担心主球回缩碰到球杆而急速撤杆。要像击打中杆一样平滑地击球。

初练缩击者开始可只练习短距离的缩击,譬如15厘米左右,跟进距离大约5厘米。开始不要急于追求较大的缩击,首先要掌握缩击的要领和感觉,要建立信心。当你每次都能够缩回15厘米时,可再试试缩回30厘米,这时要使用稍长的跟进距离,大约10厘米左右,球杆速度也要稍快。如果你只需要缩回15厘米,就不要缩击30厘米。如何控制跟进距离呢?

这儿介绍一个方法,就是你在挥杆击球之前,试着在主球旁边比一下球杆,看看手臂挥动后杆头到达的部位,这样你就能知道击球后可能跟进的距离是多少了。

击打缩击时,球杆头部要有足够的摩擦力,否则容易打滑,出现跳球现象。必须在击球前检查球杆头部的皮头,如果发现皮头表面光滑,要用钢锉适当打磨皮头,在每次缩击前上巧克粉。

缩击球向后运动的距离,与球台的台布和环境温度和湿度有关。国际比赛的球台都比较平滑,并且是恒温调控的,所以世界大师们能够缩击出更长的距离。约翰·斯潘索曾经在主球与目标球相距2.4米时,击出缩击距离达3.65米的惊人纪录。

主球与目标球相距较远时,击打缩击较困难。这是由于在主球向前行进碰到目标球时,后旋力将逐渐消失。通常主球与目标球的距离长短决定着缩击后主球的走位,距离为30厘米左右时缩回距离最长,距离为90厘米左右时缩回距离较长,距离为150厘米左右时缩回距离很少,距离为240厘米左右时会形成定位球。

下面介绍缩杆球的三种练习方法:

1.把几个球放在与球台长边平行的中央线上,分开放置排成一排,然后用主球从头一个球打起,每次将球打进袋后,要求回到下一个球的后面,如此继续下去。参见图124。

2.将几个球围绕着中袋附近摆成半圆形,然后用主球从左侧或右侧打起,每打一个球,要求主球缩回到下一个目标球的后面一点,这样,依次将目标球击入中袋内。参见图125。

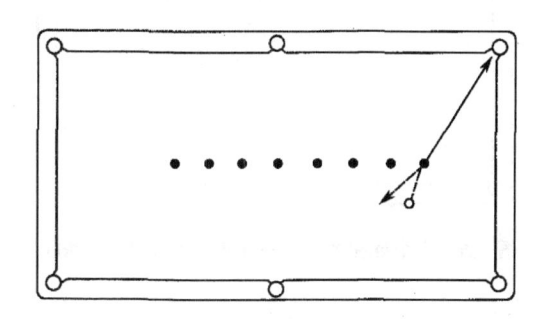

图 124 多个球放在长边纵向的中央缩击练习

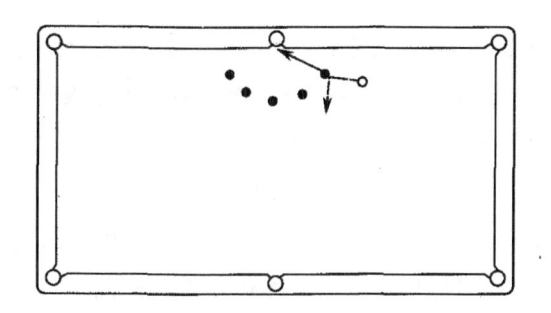

图 125 多个球围绕中袋摆成半圆缩击练习

3.多个球摆在球台中部排成一行,然后用主球从一侧打起,要求采用缩击,连续地将目标球打入球台一侧的中袋内。开始时可不按顺序将球打入袋中,能够完成时,再要求按顺序依次将球打入袋中。参见图126。

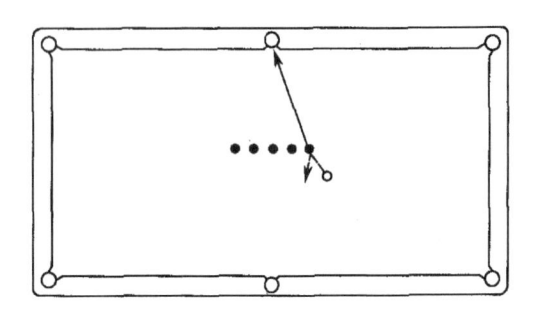

图 126　多个球在球台中央排成一行击入中袋练习

三、侧向旋转球的特性

侧向旋转的主球碰到目标球后，目标球接受到主球的动力，除了向前方行进外，也因在接触的瞬间由摩擦而产生与主球相反的旋转。以下的两种情形，可以明显地看到这个效果。一种情形是在击打贴边球时，使用较强力量的反杆，主球先碰到台边去切贴边球时，目标球受到主球和台边的挤压，由于主球的侧旋，使目标球产生沿着库边较强的侧向旋转。另一种情形是主球具有极强的下旋，撞击到目标球后，目标球具有较强的前旋，易于滚进袋中，而不会被弹出。为了容易观察起见，可使用美式球中的花色球作为目标球，或者使用异型球即小号的美式球，当侧旋的主球与目标球碰撞后，可以明显地看到目标球的旋转情景。

主球旋转力仅有一小部分能够传给目标球，它将明显地影响吃库的反射角。但是,具有侧旋的主球并不能使目标球的行走路线弯曲,这是由于目标球并没有接受到向下击打的原因,也如同主球受到水平击打时行走路线不会弯曲一样。

初学者很容易把右旋和左旋弄反。作为球体本身来说,如果你以撞击点来考虑,当中右撞击点被撞后,球开始向左转动,即逆时针旋转,如果你以主球的实际行走路线来看,它是向右侧弯曲。因而建议以撞击点的部位为准,如上旋球是撞击主球的上部,下旋球是撞击主球的下部,右旋球是撞击主球的右侧,左旋球是撞击主球的左侧。你只要记住,撞击点与旋转球的名称一致。

侧旋还被用来改变吃库后的反射角和速度。正杆吃库后反射线与入射线间夹角变宽,而且行走距离加长一些。反杆吃库后反射线与入射线间夹角变窄,而且行走距离缩短一些。所以有以上现象,是由于这里有两个作用力,一个是主球旋转力量,另一个是主球撞击目标球后的分离力量。正杆时,两个力量都是向相同方向作用,因而效果增强。反杆时,两个力量作用相反,抵消了一部分力量。侧旋在吃库时特别重要,球吃库角度越接近直角时,这种效果越加明显。如果击打主球垂直对着岸边,侧旋影响反射角是很大的。反射角甚至可达30余度。如用侧旋球薄击岸边时效果不明显。当将主球向岸边垂直击打时,如为右旋球,球撞击岸边后,将向垂直线的右侧方向滚动,如为左旋球,球撞击岸边后,将向垂直线的左侧方向滚动,随着撞点的不同,吃库后的路线也有所变化。参见图127。

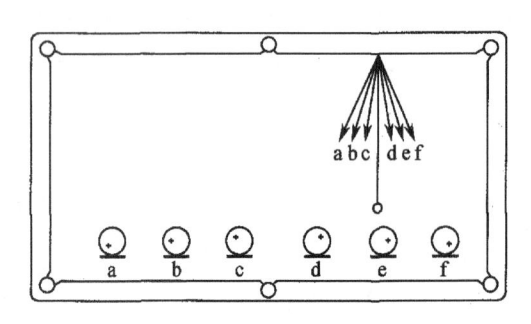

图 127　侧旋球不同撞点吃库路线图

如果将主球斜着向岸边击打,即主球撞击岸边的入射角不是直角时,中杆球的反射角等于入射角,右旋球碰到岸边后,将偏向中杆球的反射线的右侧,左旋球碰到岸边后,将偏向中杆球的反射线的左侧,左右的定义是面向反射线说的。参见图128。该图中主球自右侧射向岸边,由于左侧旋球产生向左的弧线,因而入射角变小,所以反射角也随之变小。由

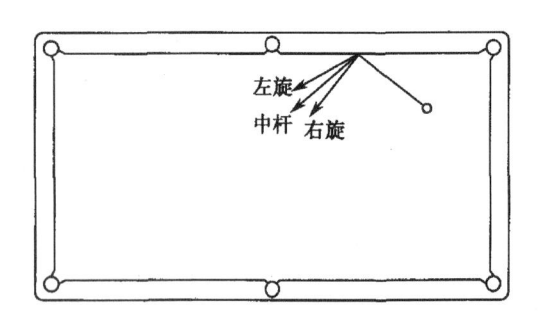

图 128　主球斜向吃库路线图

于右侧旋球产生向右的弧线,因而入射角变大,所以反射角也随之变大。如果主球从左侧射向岸边,则情形正好相反。

由于上述规律,主球从岸边的右方射向岸边时,与从岸边的左方射向岸边时,左旋球与右旋球最后静止下来,距离岸边的远近位置正好相反。参见图129。

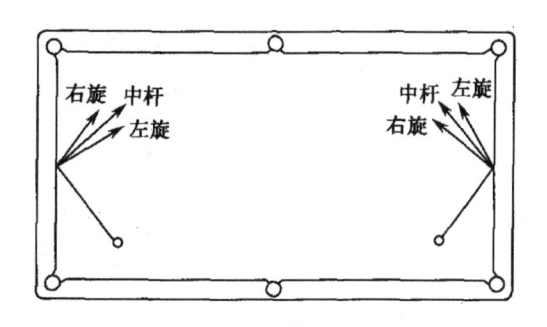

图129 主球斜向吃库左旋、右旋反射路线图

四、侧向旋转球撞击目标球的特殊效果

将目标球放在角袋口附近,击打主球中右或中左撞点,了解掌握与击打中心撞点时瞄准点的差别,正侧旋的主球将使目标球向击打部位的相反方向偏离,为此应将中杆时的瞄准点向目标球中心方向移动一些,作为正旋球的瞄准点。若是反侧旋时,由于反侧旋的主球将使目标球向击打部位的相同方向偏离,其瞄准点应该向相反方向移动一些,即偏离目标球中心更远一些,侧旋球的瞄准点修正距离的大小与侧旋球的

旋转力度成正比。正旋球的瞄准点修正如图 130 所示。反旋球的瞄准点的修正与此类似,只不过方向相反而已。

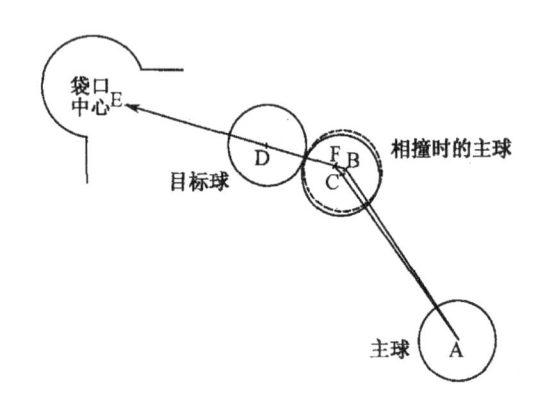

图 130　侧旋球瞄准点的修正

图中 B 点为中杆击打时,主球与目标球相撞时的主球中心位置,球体用虚线表示。图中 C 点为侧旋球时,主球与目标球相撞时的主球中心位置,球体用实线表示。F 点为正旋球的瞄准点。

选手常常利用侧旋球吃库后的反射路线和速度不同,用以控制主球的走位。如图 131 中球势。当击打目标球左侧时,如采用左旋球即正杆,将使主球走位至远区,如采用右旋球即反杆,将使主球走位至近区。

在相反的位置左旋球和右旋球所起的作用恰好相反。如图 132 中球势。当击打目标球右侧时,如采用右旋球即正杆,将使主球走位至远区,如采用左旋球即反杆,将使主球走位至近区。

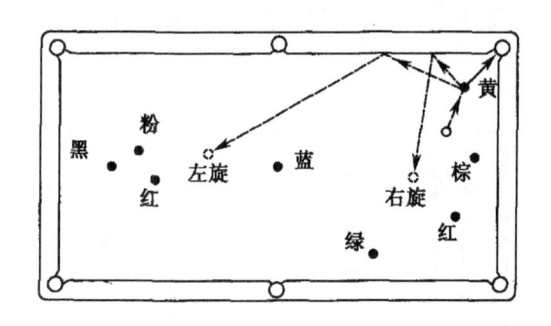

图 131　正杆与反杆击球走位实例

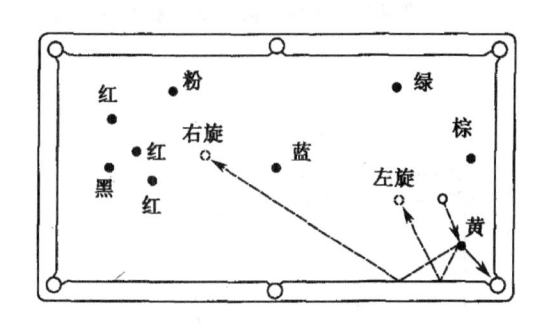

图 132　正杆与反杆击球走位实例

上述现象是由于正杆的分离角增大和速度增加,反杆的分离角减小和速度减弱的缘故。

目标球深入袋口,由于袋口有弧形的边角,主球在目标球中央附近,如采用右旋球击打目标球右侧时,将使主球走位至近区短岸边。参见图133。如采用左旋球击打目标球左侧时,将使主球走位至近区长岸边。参见图134。

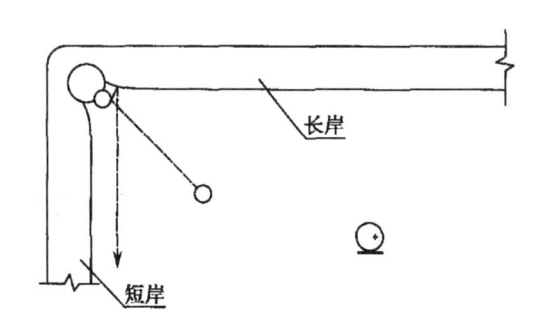

图133 目标球深入袋口时主球右旋走位实例

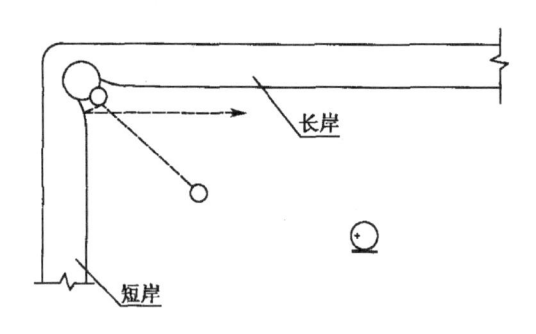

图134 目标球深入袋口时主球左旋走位实例

五、如何击打弧线球

弧线球是解救障碍球方法之一,击打弧线球的要领是:(1)将球杆后端抬高40°左右。(2)根据向左或向右弯曲的要求,撞击主球相应侧位。(3)撞点是中心左下或中心右下。弧线球的击打方法示意图如图135所示。

正视图　　　侧视图

图135　弧线球的击打方法示意图

弯曲较大的弧线球的技术较难掌握,主要是它的击球部位要求很精确,球杆的由上而下的倾斜角度给准确撞击增加了难度。通常向右弯曲的弧线球较为容易掌握。建议你首先掌握右向弧线球的击打方法,待成功率较高时,再参照右向弧线球打法练习击打左向弧线球。弧线球形成的弧线大小,与台面的材料有关。台面摩擦力过小者,较难打出弧线球。

这儿介绍一个练习弧线球的简单方法:你可以不放置障碍球及目标球,将许多球放置在角袋附近备用,将其中一个球放置在角袋中心一侧,靠近长岸一点。如图136a所示。朝着斜对面的角袋口方向击出右向弧线球,如果击球方法正确,球会朝着角袋口的右边长岸滚去，曲线越大，则球吃库时距离角袋口越远。击完一个球后，再取一个球放在相同位置，再次击出（注意击球方向不要改变），然后与上次进行比较，观察球行走路线的弯曲效果，这样你能在短时间内击出多个弧线球。用同样的方法练习击打左向弧线球。

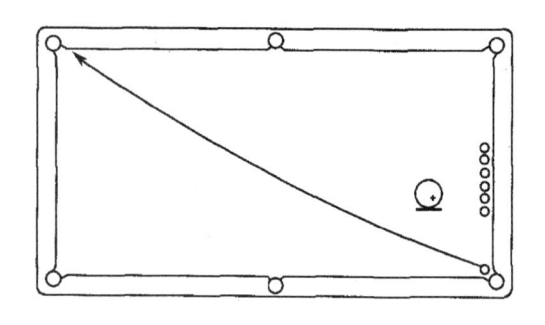

图136a　对着角袋袋口方向击打弧线球的练习

另外，也可做这样的练习，还是将多个球放在短岸边备用，蓝色球的位置不要放置球，将球放在角袋袋口中间，然后击出弧线球，使球绕过球台中央放置蓝色球的白点，到达对面的角袋袋口。然后再按照前面的方式击打其余的球。如图136b所示。

在采用弧线球解救障碍球时，要求既要击出适当的弧线，又要掌握主球出发时的正确方向，两者要求精确配合，才能够既不碰到障碍球，又能撞击到目标球。所以能够采用吃库球解救的时候，就不要采用弧线球，以免造成失误。

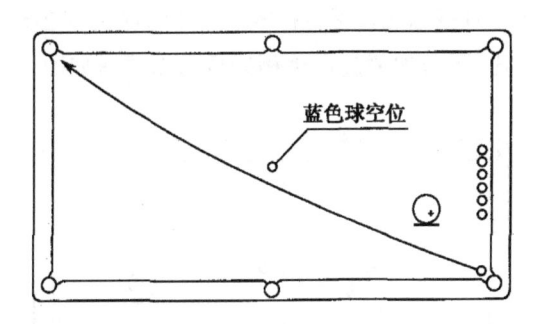

图 136b　弧线球绕过蓝色球空位击球入角袋练习

六、如何使主球碰到目标球后产生弯曲路线

世界大师们常常击出漂亮的主球与目标球相碰后的弧线球,如果掌握了这种击球技法,主球走位将变得更加丰富多彩。如果击打随击加侧旋时,必须将球杆末端抬起,手架抬高,球杆从上向下斜着击打主球。击球方法如图 137 所示。

图 137　主球碰目标球后向前弧线球的击打方法示意图

主球与目标球相碰后,主球行走的弯曲度与击球速度及力度成正比,随击加侧旋产生相碰后的弧线球如图138所示。

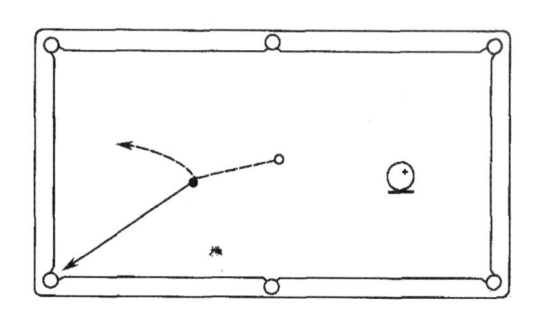

图138 随击加侧旋产生相碰后的弧线球实例

这种技法比较容易一些,它对击打的撞点位置不是很严格。因为它要求击出同时具有前旋和与台面斜交的侧旋。

如果击打缩击加侧旋时,球杆也必须自上向下斜着击球。击球方法如图139所示。

正视图　　　侧视图

图139 主球碰目标球后向后弧线球的击打方法示意图

主球与目标球相碰后,其行走路线的弯曲度与击球速度及力度成正比,缩击加侧旋产生相碰后的弧线球如图140所示。

高 级 阶 段

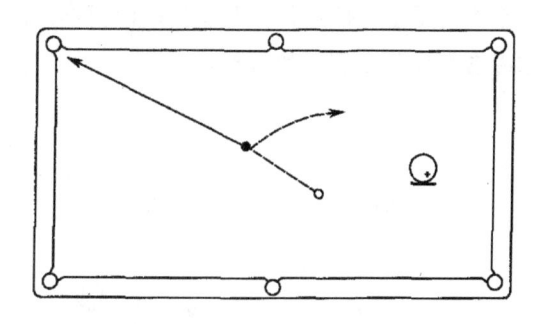

图 140 缩击加侧旋产生相碰后的弧线球实例

后一种技法较困难一些,它的撞点必须很精确,要击出同时具有一定下旋以及与台面斜交的侧旋,才能成功。

以上两种击球都要球杆倾斜,如果球杆水平击球,虽然撞点位置相同,也不会击出碰撞后的弧线球。这是由于水平旋转的侧旋,不能产生需要的斜向摩擦,因而也就不能产生弧线球。

七、随击加侧旋和缩击加侧旋时主球行进路线

前面介绍了中杆侧旋球的主球行进情况,这里介绍随击与缩击加上侧旋时的主球行进路线情形。图 141 中为随击加左侧旋和随击加右侧旋时,主球行进路线。图中左边是用主球撞击目标球左侧时的情形。图中右边是用主球撞击目标球右侧时的情形。

图 142 为缩击加左侧旋和缩击加右侧旋时,主球行进路

线。图中左边是用主球撞击目标球左侧时的情形。图中右边是用主球撞击目标球右侧时的情形。

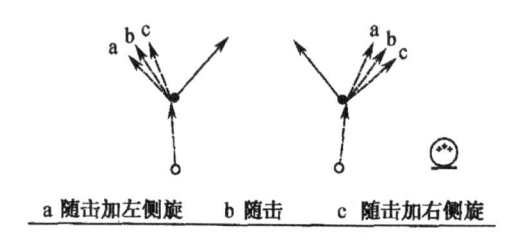

图 141　随击加侧旋主球行进路线

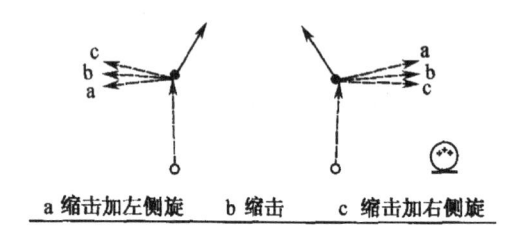

图 142　缩击加侧旋主球行进路线

从上面两图中可以得出如下结论:随击时,增加左侧旋将使主球行进路线偏左,增加右侧旋将使主球行进路线偏右。缩击时,从目标球碰撞前所在位置上,朝着主球最后行进方向看,也是如此。正确利用上述特性,可以控制主球的精确走位。

高级阶段

八、主球滚动距离与目标球滚动距离的关系

自身不带旋转的主球撞击目标球时,碰撞后两球分开滚动,假如它们分开的角度与主球在没有碰撞前的滚动方向均为45°角,在这种情况下,碰撞后两球滚动的速率相同,因此会滚动同样远的距离,然后停止下来,参见图143。

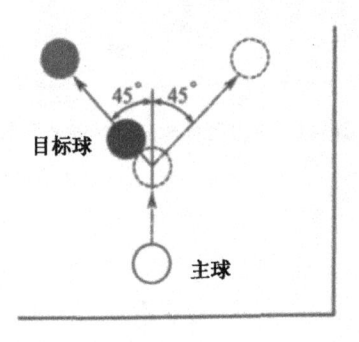

图143 主球和目标球分程角均为45°时行进距离相等

自身不旋转的主球撞击目标球后,两球以不相等的角度分开滚动,当厚击目标球时,主球的大部分的能量传给目标球,主球将以较大的角度远离撞击前的方向滚动。在这种情形下,碰撞后,目标球滚动的速率将大于主球滚动速率,目标球将滚动得较远。参见图144。

如果薄击目标球,碰撞后,主球的一小部分能量传给目标球,主球的滚动速率将大于目标球的滚动速率,主球将滚动得

较远。参见图 145。

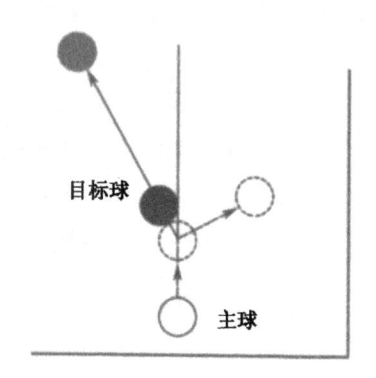

图 144　厚击目标球时目标球走得远

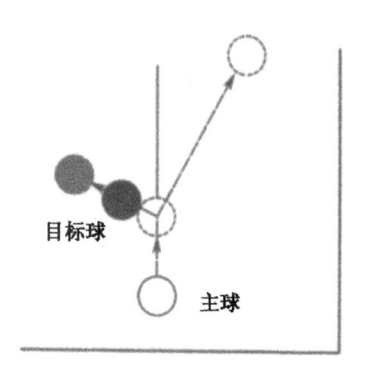

图 145　薄击目标球时主球走得远

综上所述,可以归纳为厚击时,目标球行进距离远,薄击时主球行进距离远。因此,要想将主球留在目标球附近时,应该尽量避免使用薄击。薄击时主球行进距离远,有可能直接落入远方角袋,或吃库后落入中袋或角袋。

主球和目标球碰撞后,在任何瞬间,两个球均保持着和击打方向线的垂直距离大致相等。参见图146。

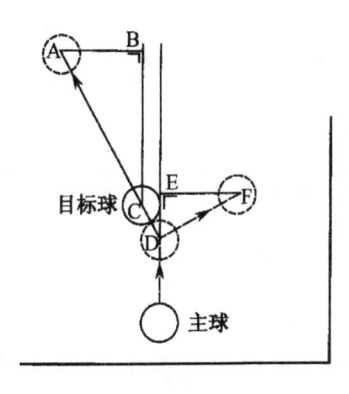

图146 主球和目标球与击打方向线的垂直距离相等

图中有两条互相平行的虚线,一条是击打方向线,另外一条是通过目标球的中心并与前一条线平行的直线。这两条平行线之间的距离比一个球的半径小。图中ABC和DEF是两个相似三角形,它们相邻的两个角是互补的,即两个相邻角之和是90°,互补角的对边相等。由于前述两条平行线间距离很小,因而可以认为目标球和主球与击打方向线的垂直距离大致相等。

上述规律可以用于控制主球的走位。例如在图147中,采用定位球打法,以不旋转的主球去撞击位于球台中央的球,以适中的力量,将送目标球进入中袋,而本球在碰撞后,滚动一段很短的距离便停止在 C 点,线段 AB 大致等于线段 CD。

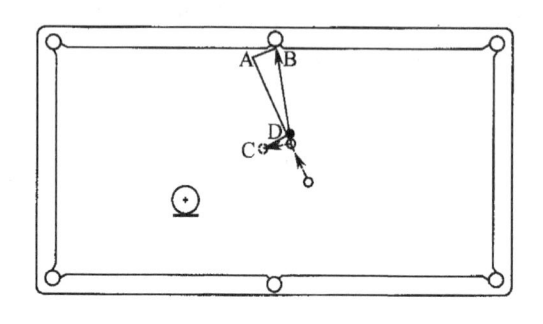

图 147　主球和目标球与击打方向的等距实例

九、主球走位在台球比赛中的作用及其控制

为了能连续地击球,取得好成绩,台球选手应该学会控制主球走位,即每次击打目标球时,应该考虑下一步要打哪个目标球,主球走到什么位置才便于击打该目标球,还应考虑再下一步应该怎样打,不要击完再说。一名高段位的围棋选手,能够看到以后的若干步棋,一名优秀的台球选手,也能根据台面上的情况,考虑到后面的好几步球。有时,并不是要求把主球校得很直,应有一定的角度,因而有利于本球的走位。通常击球角度在 3/4 球至半球之间为最佳,能创造连续击球的机会。台球高手能够一杆清台,在连续多次击球入袋中,其中仅有少数是较难打的球,由于主球的精确走位,使得多数球成为比较容易打的球。有人说,欣赏台球的最精彩的地方不是击球入

袋，而是绝妙的主球精确走位，这话确实不假。有时选手之间常常听到这样的询问，你一杆多少个球？或是你一杆最高分是多少？这是问你连续击球入袋的能力，这个数字常常能代表一名选手的水平。

控制主球走位，主要是要很好地掌握各种击打方法，如随击、缩击、定位击、侧旋击、正杆、反杆、薄击、厚击等，并结合使用不同的力度，以达到理想的主球走位。世界级的选手的主球走位，就像是用手放上去一样的准确。经常被忽视的第一个走位技术是控制力度，但是只靠力度的变化是不能满意的，还必须采用缩击、定位、侧旋及随击。

在走位到下一个目标球时，不要将主球行走路线与该目标球的直线击球入袋线成直角相交，应该将主球行走路线尽量与该目标球的击球路线相重合，这样一来无论主球走得远或近，将不大影响击球角度。参见图148。

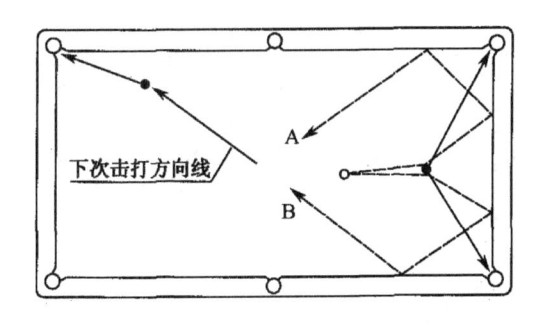

图148 主球行走路线与下次击打方向线的关系实例

图中主球走位路线 A 正好与下一次击球路线相垂直,这样一来力度必须非常准确才行。如果采用击球路线 B,由于主球走位路线正好与下一次击球路线重合,力度大一点或小一点都不会影响击球的难度。

练球时宜在袋口容易进球的球台上进行,这样便于较多地考虑主球走位,容易提高技术。

十、主球 45°方向走位的特定路线

这儿向读者介绍一个有趣的现象,就是当轻轻地切击目标球时,如果重合度为半球或者是 1/4 球时,主球会向同一方向滚去。在图 149a 中,目标球位于粉色球位置,主球位于黑色球位置,当采用半球击时,主球会朝着中袋袋口滚去,并且落入中袋中。如图中路线 a 所示。如果改用重合度为 1/4 击球时,主球沿着同一方向滚去,并落入中袋中。这个方向线与

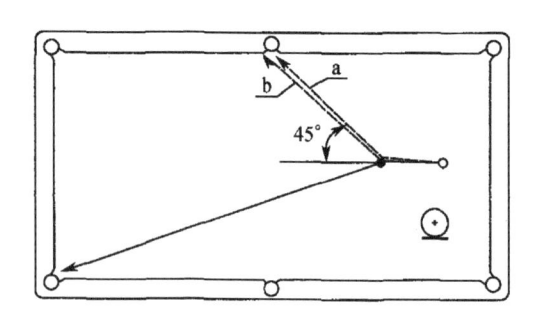

图 149a 主球 45°方向走位的特定路线之一

高级阶段

主球和目标球中心连线约成 45°角。如果采用重合度为 3/4 球击球时,主球会沿着图中路线 b 所示方向滚去。非常接近路线 a。如果目标球位于粉色球位置,主球位于蓝色球或棕色球位置,采用重合度为 1/2、1/3、1/4 甚至 2/3 轻击主球时,主球将落入角袋中。如图 149b 所示。

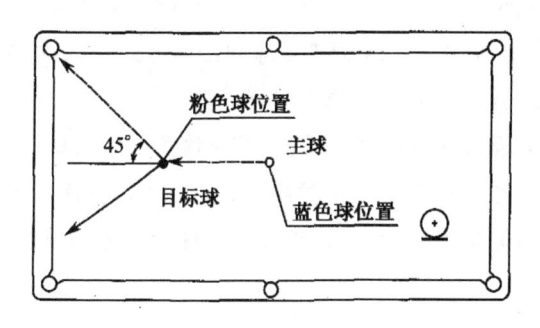

图 149b　主球 45°方向走位的特定路线之二

出现上述现象是什么缘故呢?从实际切击实验中,得出主球切击时分程角曲线。如图 150 所示。

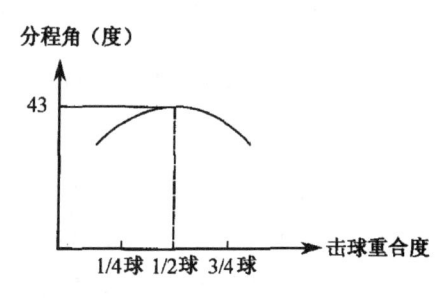

图 150　切击时主球分程角曲线

从图中可以看出,由于主球在半球击时,它的分程角约为43°,而在重合度为1/4球,切击的分程角较小,约为41°,但是由于两者的起始轴线大约相差2°,参见主球切击分程角示意图151,1/4球较半球击的击球方向线偏右一点,它加上这个2°正好是43°,因而两者就使主球向着同一方向滚动。在主球切击分程角示意图中 a 为半球和1/4球主球滚动方向,b 为3/4球主球滚动方向,x 为1/4球的击球方向线,y 为半球的击球方向线,z 为3/4球击球方向线。

从分程角曲线中还可看出,重合度为3/4击球时,主球的分程角也和重合度为1/4时相同,不过由于前者的击球方向线向左侧偏移了大约2°,因而其使主球滚动方向偏左一点。

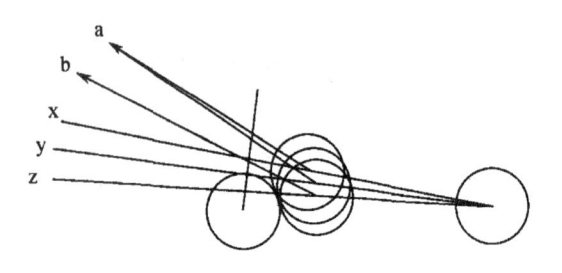

图 151 重合度1/2、1/4、3/4球主球走位示意图

我们正好可以利用这个特异现象于主球走位,即无论是击打重合度为半球、1/4球或是2/3球,主球肯定朝着与击球方向线成43°方向滚动,亦即主球与目标球中心连线成45°方向滚动(这个现象对于斯诺克台球或者美式台球都是适用

的),因而可预先计算主球走位后的结果,如果再配合上适当的力度,就可以得到理想的主球走位。由此也可看出重合度为半球或1/4球的切击球有多么的重要,这也可能是为什么大师们走位精确的秘密之一吧?

上述现象还可用于预防主球落袋,当主球与目标球的中心连线的45°方向上有袋口时,你就不要采用半球、1/4球、2/3球或3/4球轻击,而要改用较大力量的缩击加塞。

十一、主球各种走位实例

本书一般以英式斯诺克台球举例,美式台球亦可借鉴。

主球较简单的走位,有定位球和推进球。定位球的走位实例参见图152。

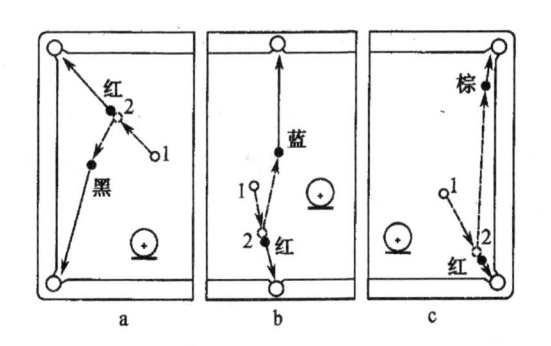

图152 采用定位球主球走位实例

如图 152 中 a 所示,红色球在黑色球附近,采用定位球打法,送红色球入袋后,便于击打黑色球入角袋。又如图中 b 所示,红色球和蓝色球均在中台附近,主球采用定位球打法,送红色球入袋后,则便于击打蓝色球入袋。又如图中 c 所示,棕色球和红色球分别在角袋附近,主球采用定位球打法,击打红色球入袋后,便于击打棕色球入袋。图 153 中为采用定位球连续入球的实例。

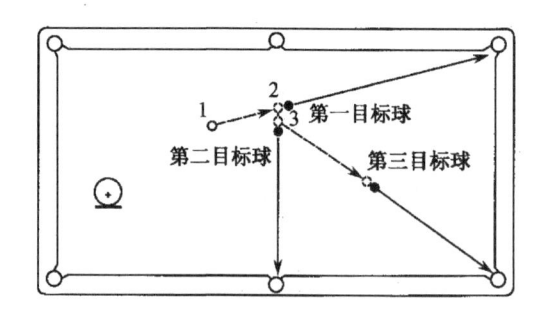

图 153 利用定位球连续入球的实例

推进球的实例参见图 154。采用中杆轻轻击打主球,主球撞击红色球入袋后,主球则稍稍向前推进一段距离,正好便于下一步送黑色球入角袋。

单纯地采用随击和缩击的主球走位参见图 155 和图 156。在图 155 中,采用随击送红色球入远方角袋,主球同时跟进到首岸附近,因而便于下一步击打蓝色球入袋。在图 156 中,采用缩击送红色球入角袋,主球缩回到中台附近,下一步便于送蓝色球入中袋。

高级阶段

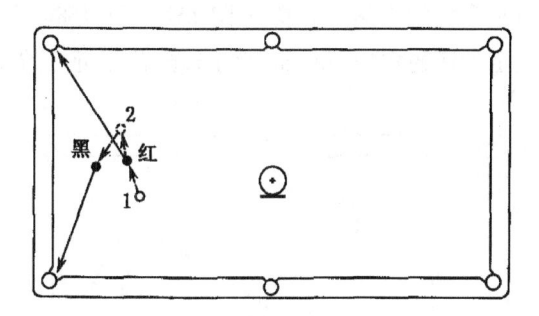

图 154　采用推进球主球走位实例

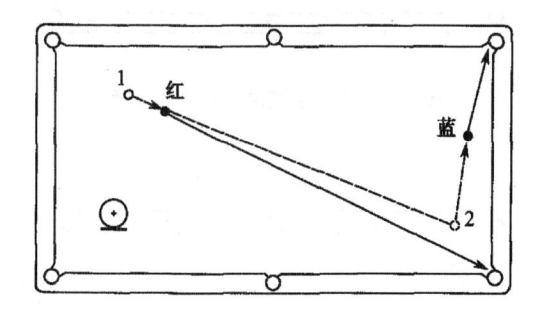

图 155　采用随击主球走位实例

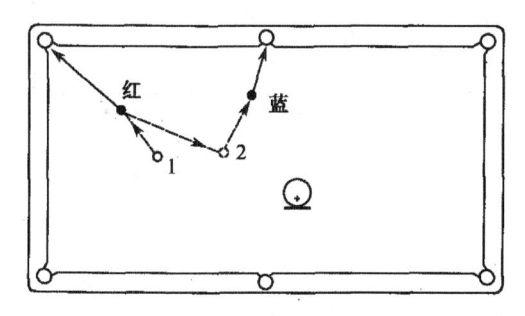

图 156　采用缩击主球走位实例

采用左侧旋的主球走位参见图157和图158。图157为主球走位至远区的实例,图158为主球走位至近区的实例。

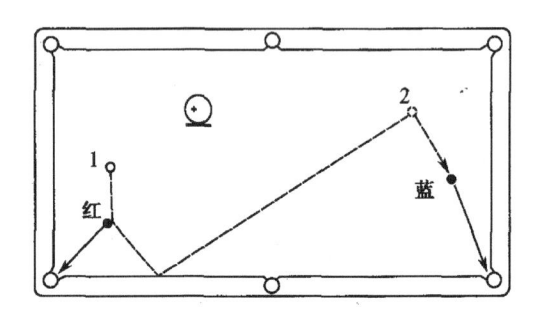

图157 采用左旋球主球走位实例

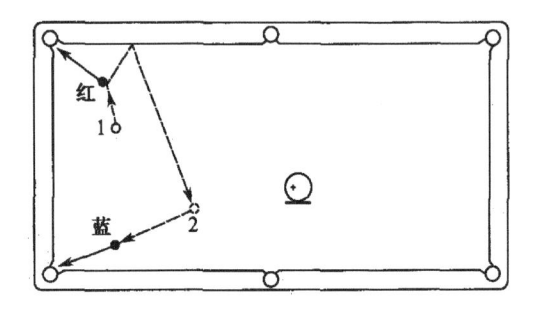

图158 采用左旋球主球走位实例

采用右侧旋的主球走位参见图159和图160。图159为主球走位至远区的实例,图160为主球走位至近区的实例。

高级阶段

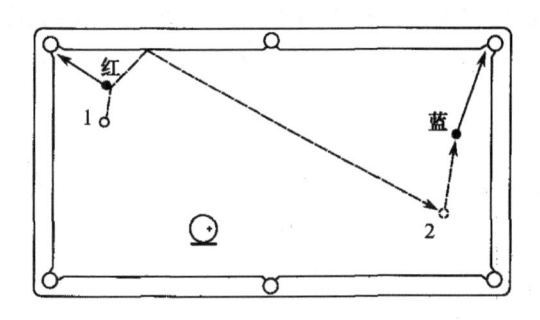

图 159　采用右旋球主球走位实例

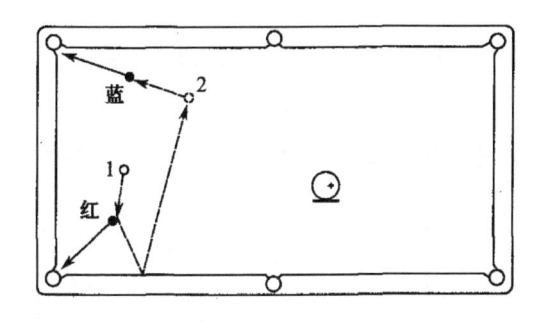

图 160　采用右旋球主球走位实例

图 161 中,在中袋袋口附近有一个目标球,下一个要打的目标球在台中央,击打主球撞击目标球,使目标球入袋。碰撞后,主球一般沿着点虚线方向滚动,然后碰撞岸边后反弹出去,这样将对下一步打中央的球不太方便。如果此时采用随击加左旋的打法,撞击主球的左上撞点,随击使分离角变小,

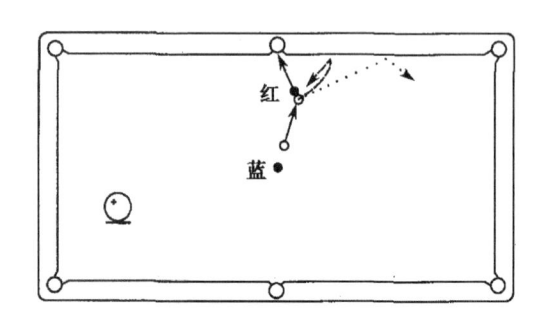

左旋打法使得主球碰撞岸边时,反射方向偏左,将如图中虚线所示,下一步打中央的球就十分有利。

图161　随击加左旋主球走位实例

图162中为随击加左侧旋的主球走位多个实例。

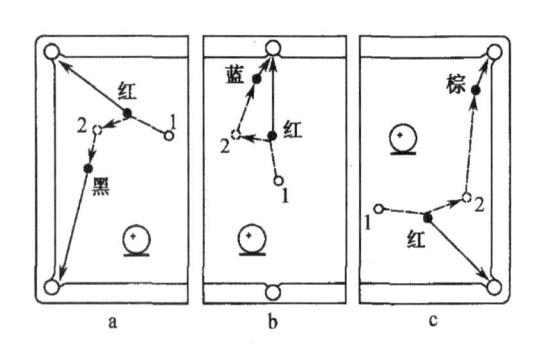

图162　随击加左侧旋主球走位实例

高 级 阶 段

图 163 中,撞击主球使黑色球进入右角顶袋,如果以中杆打法击打主球,由于分离角为 90°,经岸边碰撞后,所停留的位置不便于击打红色球,这时可以使用右旋打法,轨迹如 A 所示。如果用随击加右旋打法,使主球稍向右偏,轨迹如 B 所示,就有可能获得有利的击打球势。

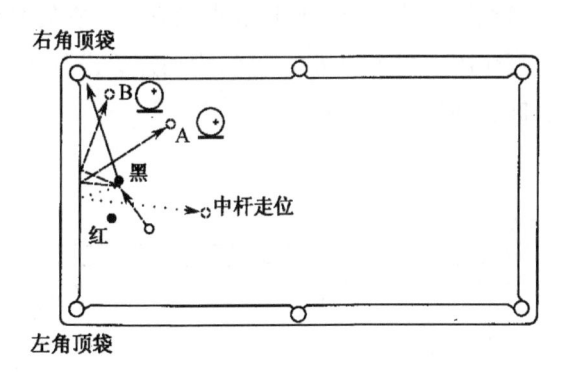

图 163 右旋或随击加右旋主球走位实例

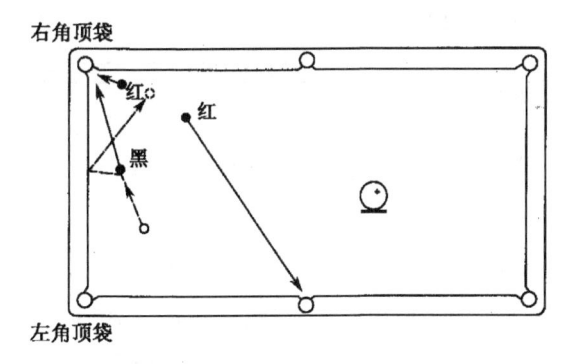

图 164 随击加右旋主球走位实例

图164,右角顶袋附近有两个红色球,击打黑色球时,如果使用随击加右旋打法,将黑色球打入右角顶袋后,再打两个红色球中的任意一个,都将很容易成功。

在图165中,采用中杆击打主球碰撞红色球,使红色球进入左角顶袋后,一般会沿着虚线所示的路线滚动,这将不利于继续击打黑色球入袋。如果使用随击加有力的右旋打法,可以使主球遵循图中所示的实线滚动,因而形成击打黑色球入右角顶袋的有利球势。

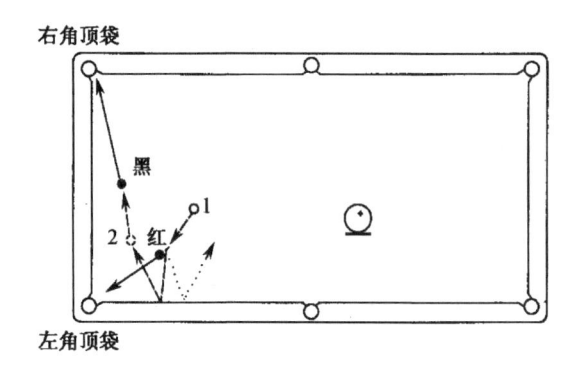

图165 随击加右旋主球走位实例

图166和图167中是随击加右侧旋的主球走位实例。

图168中,如果使用左旋打法,轨迹如A所示,如果用缩击加左旋打法,使本球稍向左偏,轨迹如B所示。就有可能获得有利的击打球势。

高 级 阶 段

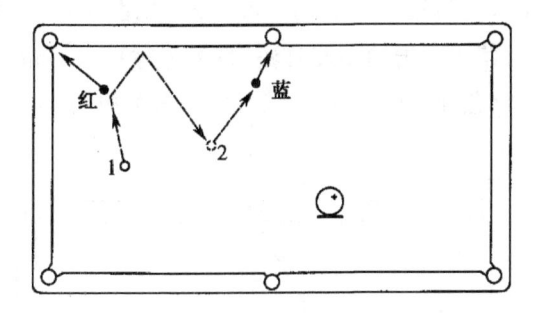

图 166　随击加右侧旋主球走位实例

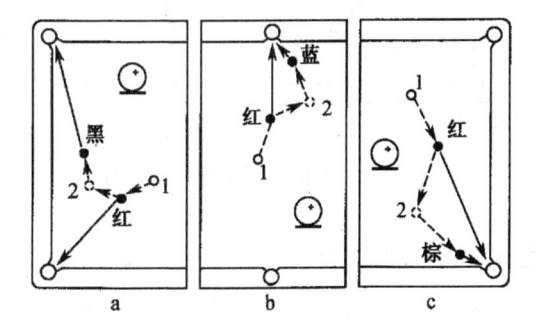

图 167　随击加右侧旋主球走位实例

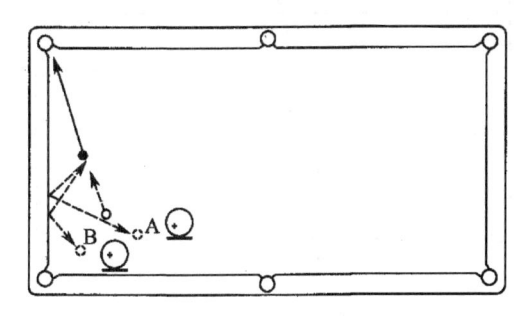

图 168　左旋或缩击加左旋主球走位实例

左角顶袋附近岸边有两个红色球,见图169。击打黑色球时,如果使用缩击加左旋打法,将黑色球打入右角顶袋后,再打两个红色球中的任意一个,都将很容易成功。

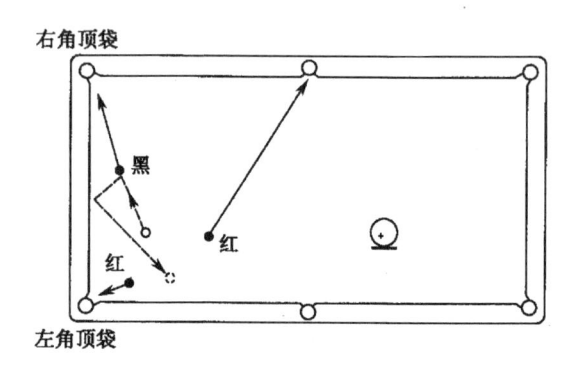

图 169　缩击加左旋主球走位实例

红色球在黑色球的左前方附近的位置,见图170。这时,应使用缩击加左旋打法,使主球在将红色球送入左角顶袋后,

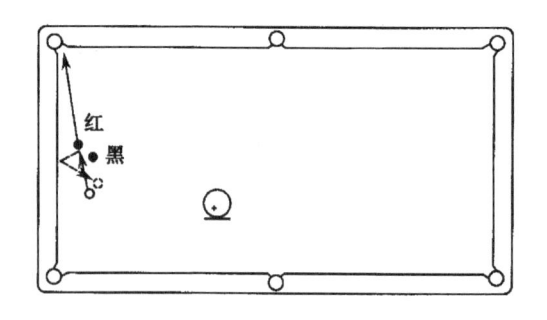

图 170　缩击加左旋主球走位实例

高级阶段

滚回到原来击打红色球前的附近位置,以便继续击打黑色球入袋。

图171中,主球和要打的红色球与中袋大致上在一条直线上,采用缩击打红色球入袋后,走位到位置A,本应击打粉色球或蓝色球,如果此时它们都被遮挡,或者不在原位,可使用缩击加右旋的打法,使主球碰红色球后向后退回,吃一库后,向偏右方向弹出,转移到易于击打黑色球的位置B。

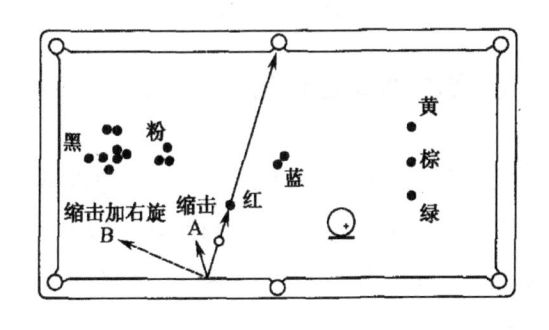

图171 缩击加右旋主球走位实例

图172中,主球击打红色球入远方角袋,如果使用缩击加右旋,使主球向后弹回吃一库后,走位至图中A的位置,如果红色球被打进,则下一步击打黑色球,就很方便。即使红色球未被打入,对方也不一定好打。如果仅仅使用缩击,没有侧旋的话,主球将吃一库后滚动到B的位置,那时打黑色球就困难了。

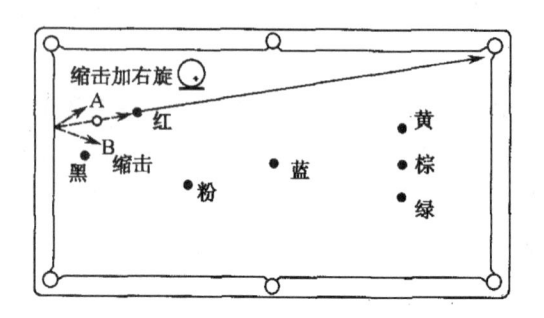

图172　缩击加右旋主球走位实例

十二、主球各种走位练习

1.球的摆放如图173。练习时要求用主球将第一个目标球击入角袋中,主球走位到第二个目标球的后面附近,然后再继续击打第二个目标球,如此连续地一杆将这几个目标球全部送入角袋中。

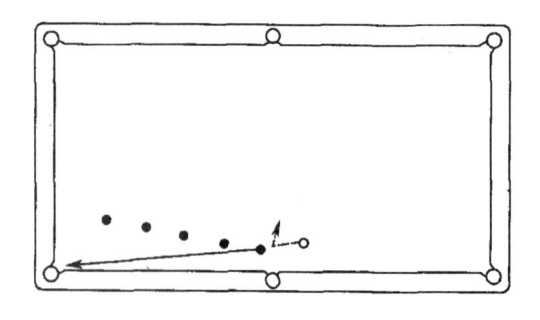

图173　多个球摆成斜线的击球练习

高级阶段

2.球台上面放置若干球,两个球为一组,每一组附近放上一个小纸片,小纸片用来指示走位的理想位置。在用每组中第一个球撞击第二个球后,使第二个球入袋,同时要求第一个球走位到指定的小纸片上或其附近。

3.将12个球按图174摆放,主球放在中心,然后开始击球,击落一个目标球后,再在新的主球位置击打第二个目标球入袋,最后将12个球全部击入袋中。要求主球不得吃库,但可以采用各种击打方法。

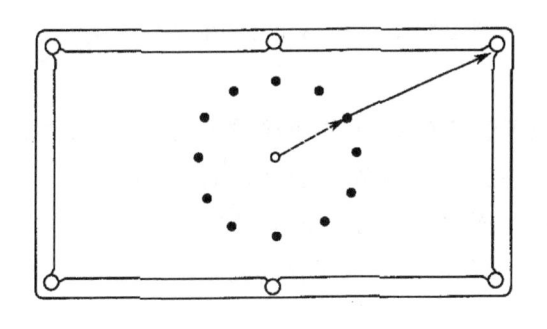

图174 目标球排列成圆形主球走位练习

4.将11个球放在球台一角,形成一个L形,与球台两边构成一个四方形,四方形的边长等于球台短边的一半。将主球放在球台短边的一侧。参见图175。首先将贴着球台短边的1号球击入袋中。然后再用主球将相邻的2号球击入袋中,如此顺序地将11个球全部击入袋中。这个练习要求全部采用轻击,允许主球吃库,使主球不要走得过远。如果丢掉一杆,需要重新开始。

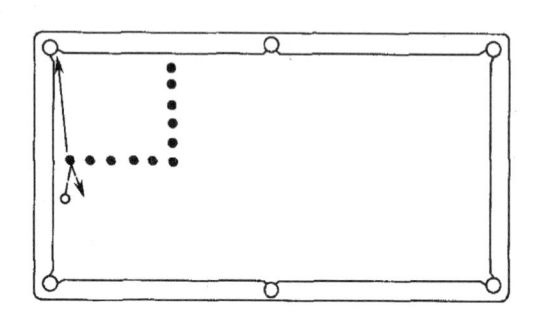

图175 目标球排列成L形主球走位练习

5.把多个红色球放在黑色球、粉色球及蓝色球之间,如图176所示。主球可任意放置,然后击打主球吃一个红色球,再收一个彩球,彩球入袋后要取出放回原处,然后再吃一个红色球后,再收一个彩球,与实际比赛完全相同,争取一杆全部收

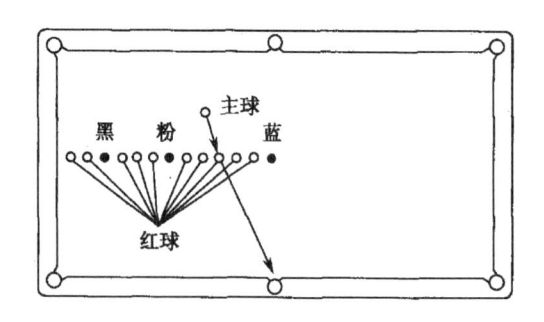

图176 顶岸区红球与彩球排成一行主球走位练习

净。在击球过程中可能扰乱了台面上的球，但不用管它，继续击球。这个练习更为接近实际，能够锻炼在顶岸区连续入球的技能。

6.英式斯诺克台球的收盘走位练习，在球台上将彩球放于指定位置，不放置红色球。将主球放在比较适合送黄色球落袋的位置上，然后依次利用主球将黄色球、绿色球、棕色球、蓝色球、粉色球等球送入袋中，最后为黑色球。争取一杆全部收净。上述练习达到要求后，还可在台上多加一个红色球，红色球可放置在任意位置上，击打主球送红色球入袋后，再选择合适的彩球将其送入袋中，这时要求主球走位到适合击打黄色球的位置。然后按照前面的练习继续进行。这种练习很能锻炼控制主球走位的能力，并且是决定斯诺克台球比赛胜负的重要手段。

初学者也可首先将主球放在黄色球附近，然后用主球依次将黄色球、绿色球及棕色球收进袋中，当这个练习比较熟练后，再进行上面练习就较为容易了。

收盘路线实例参见图177和图178。通常收盘时，将主球走位到黄色球的左侧，便于将黄色球送入右角底袋或者左角底袋中，如图177所示。图178是不常见的一种。图中实线为彩球行进路线，虚线为主球多次击球所走路线，主球旁边的阿拉伯数字，表示击球的顺序。

图179和图180均为多次世界冠军得主的斯蒂芬·亨得利的收盘路线，后者是1995年英国皇家人寿保险杯比赛中，斯蒂芬·亨得利一杆打满147分的收盘时的路线。其中蓝色

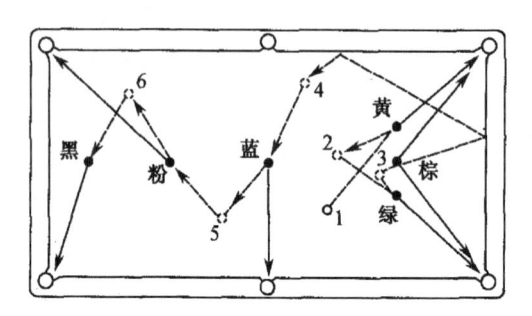

图 177　斯诺克台球收盘路线图之一

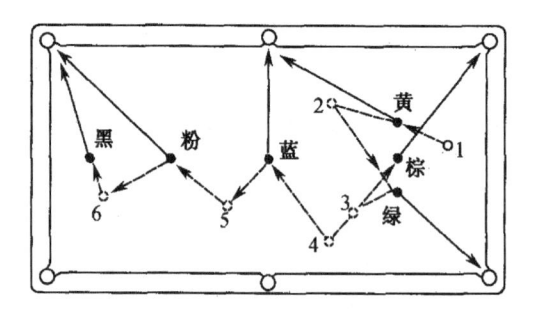

图 178　斯诺克台球收盘路线图之二

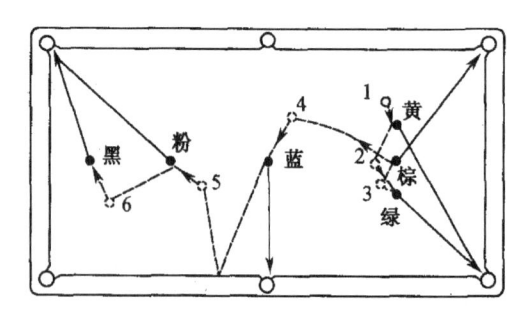

图 179　斯诺克台球收盘路线图之三

球不在原位。图181是1997年欧洲公开赛帕若特和肯·达赫迪半决赛中,肯·达赫迪的一杆收盘路线。

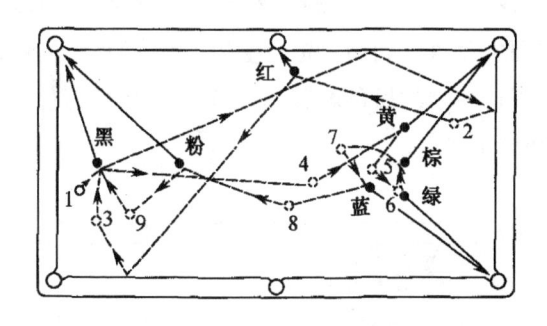

图180　斯诺克台球收盘路线图之四

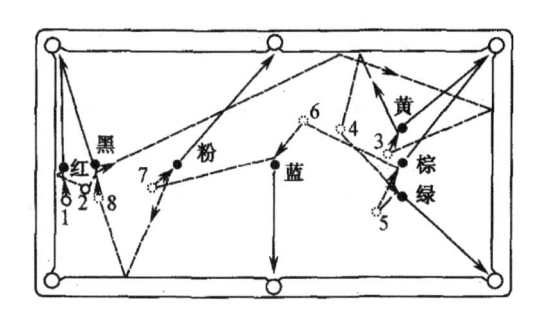

图181　斯诺克台球收盘路线图之五

十三、在斯诺克台球比赛中如何建立高分

黑色球在斯诺克台球中分值最高,为了能取得高分,必须

掌握击打黑色球的技术。击打黑色球的最好角度为半球与3/4球之间。因为缩击加侧旋不如半球或3/4球走位宽广。而且要求深的缩击使击球难度增大,尤其是在慢的球台上击球时,将更加困难。利用一定角度的击球,采用不同的击法和力度,可以使主球吃黑色球后,走位到前半台任何位置。参见图182和图183。

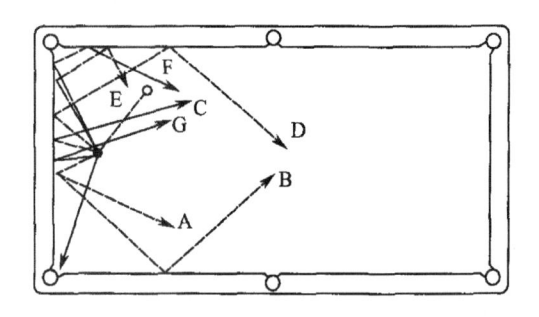

图182 主球以半球击打黑球时的各种走位路线图

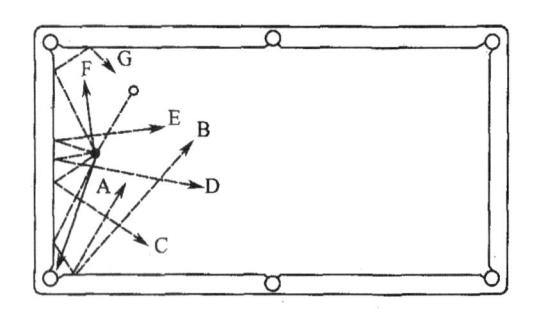

图183 主球以3/4球击打黑球时的各种走位路线图

高级阶段

图 182 中路线：A 为中杆击球，B 为强左侧旋球，C 为无侧旋的定位球，D 为右侧旋的定位球，E 为缩击球，F 为缩击加右侧旋球，G 为单纯的右侧旋球。

图 183 中路线：A 为通常的跟进球，B 为左侧旋球，C 为自然角球，D 为上定位球，E 为右侧旋定位球，F 为缩击球，G 为较浅的缩击加右侧旋球。

那么如何围绕着黑色球来击球呢？要注意扫清黑色球通往邻近两个角袋袋口的路径，以便较容易地把黑色球击入袋中。同时注意不要将主球留在与黑色球成为一条直线上。要注意首先解开重叠的红色球，扫清红色球通往袋口的路径。还应注意先清除位于黑色球后面顶岸附近的红色球，以免将来影响吃库走位路线。

在图 184 中，完成三红三黑的击打要注意：1.将主球与黑色球留出一定角度。2.将主球很好地为下一个红色球走位。图中完成上述系列的击打，未让主球吃库，如果需要的话，你

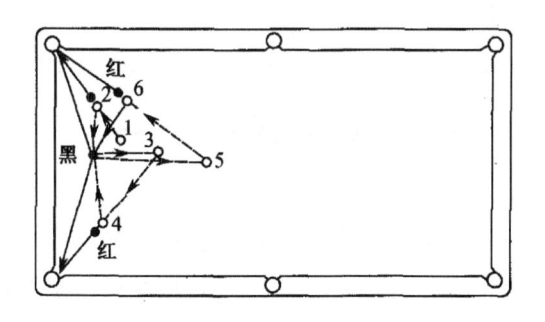

图 184 连续击打三个红球和三次黑球的实例

可以使用吃库来完成走位,但是这将容易产生误差。利用吃库来控制走位并没有错,但是你必须精通将主球停在台上与黑色球留出一定角度的技术,台上的球不是老是像图中那样分布,常常有可击的红色球并混合着不可击的与不方便击的红色球。

图185说明,建立高分的一个重要因素就是选择击球,这较少地决定于技术因素,而是更多地依赖于经验和意识。在红色球A和B之间有一个选择,虽然A更好击,并便于吃黑,但选择B更好,因为可以使黑色球在下一步更为开阔,便于击入袋中。

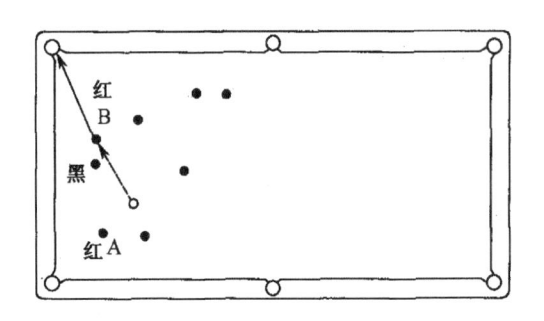

图185 如何进行选择以建立高分实例

有时不一定勉强地连续去吃黑色球,根据台面上的球势,可以选择粉色球来打。如图186所示,最好先击红色球A,然后再去吃粉色球。这样可以清除吃黑的路线。

图187中,本来可以击打散开的红色球,然后击打黑色球

并同时冲击红球组,可是这样主球有可能陷入红球组中。这时可采取缩击红色球至粉色球的后面,再击打粉色球去冲击红球组,使一些红色球向角袋方向移动,下一击将更为有利。

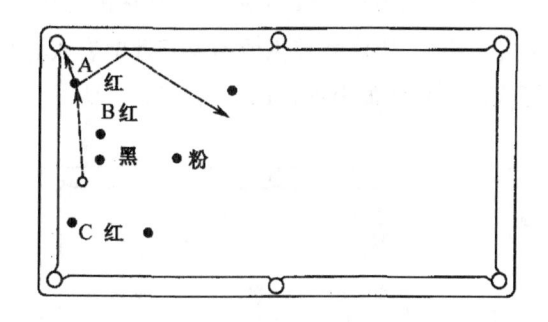

图 186　如何进行选择以建立高分实例

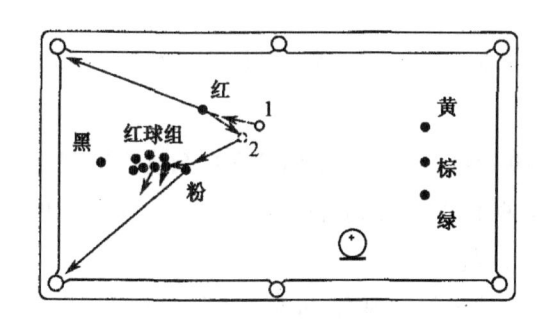

图 187　选择击打粉球去冲击红球组更为有利实例

有时黑色球不便于击打,可以将粉色球作为击打的主要目标,此时要注意扫清粉色球通往角袋和中袋的路径。有时黑色球和粉色球均不便于击打,也可击打蓝色球作为过渡,如图 188 所示,击打蓝色球之后再把主球放回前半台。击红色球时,使主球走位在蓝色球附近的后半区一侧,这样在击打蓝色球入中袋时,主球走位比较容易,便于到达击打其余红色球的理想位置。不过,要注意使主球不要靠近中袋或者蓝色球,否则击打蓝色球时就很困难,而且不利于走位。

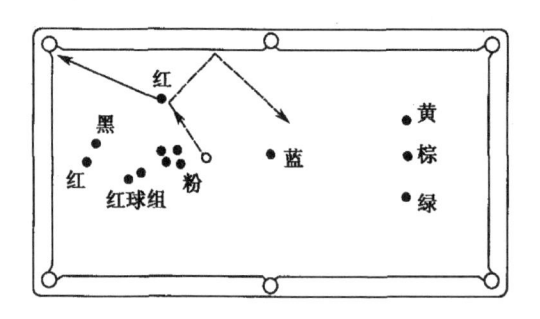

图 188　黑球和粉球被遮挡时可利用蓝球过渡实例

图 189 示出了主球以不同的击球角度击球,从 1/4 球到 3/4 球,均使主球走位到蓝色球的后半区一侧,以便于打蓝色球的同一位置。

如果主球走位不到位,却位于蓝色球附近的前半区一侧,也可利用不同的击球技法,在送蓝色球入中袋时,使主球吃两库或三库后回到前半台。这时,可采用随击或缩击吃一库后走位到中台附近。参见图 190。也可采用随击加左侧旋或缩击加右侧旋,吃二库后,将主球放回到前半台。参见图 191。

高级阶段

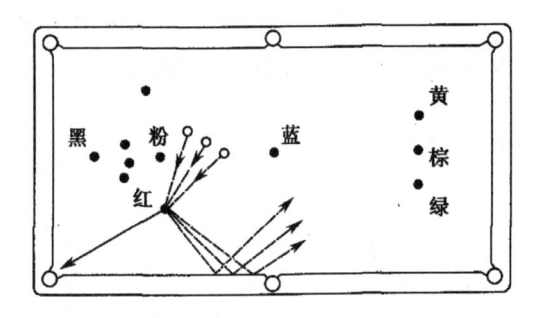

图 189　主球以不同击球角送红后走位到便于打蓝球实例

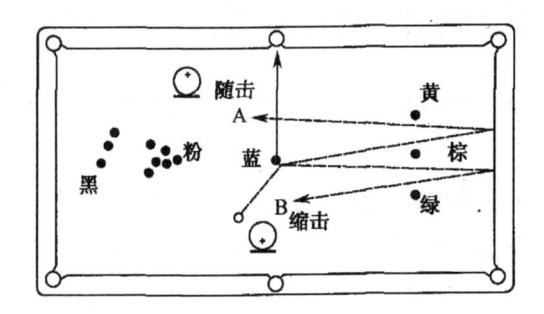

图 190　随击、缩击送蓝色球入中袋后主球吃库后的走位图

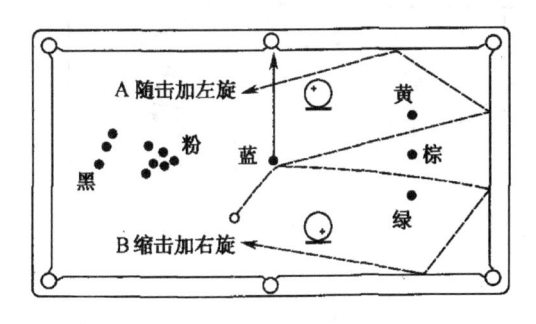

图 191　随击加左旋、缩击加右旋送蓝色球入中袋吃库后的走位图

当主球位于前半台又很靠近球台中央时,也可采用随击加右侧旋,吃三库后回到前半台中央附近。参见图 192。

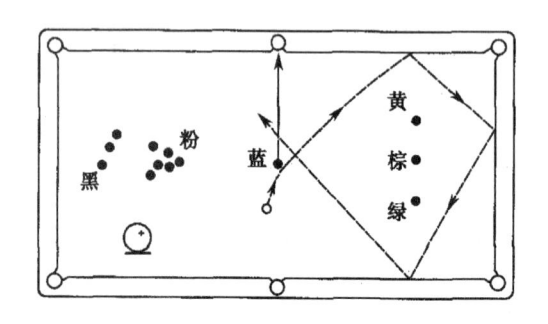

图 192 随击加右旋送蓝色球入中袋吃三库的走位图

图 193 是采用随击加左旋打法走位到前半台,便于击打红色球入角袋或中袋的情形。在图 194 中,采用缩击加右旋打法走位到中台附近,便于击打红色球入底袋或顶袋的情形。

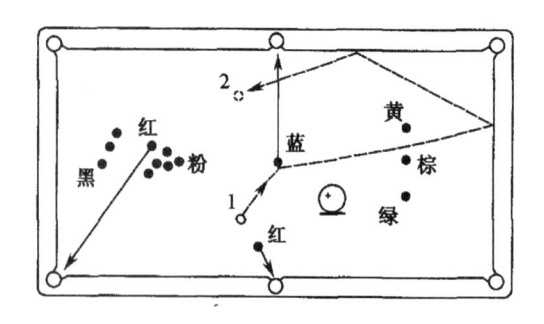

图 193 随击加左旋送蓝色球入中袋主球走位的实例

高级阶段

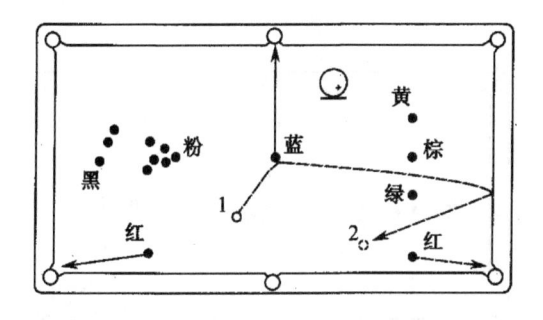

图 194　缩击加右旋送蓝色球入中袋主球走位的实例

如果采用中杆,将有可能使主球碰到棕色球,主球和棕色球可能同时落袋,如图 195 所示。即使主球不落入角袋中,主球的走位也将受到影响。

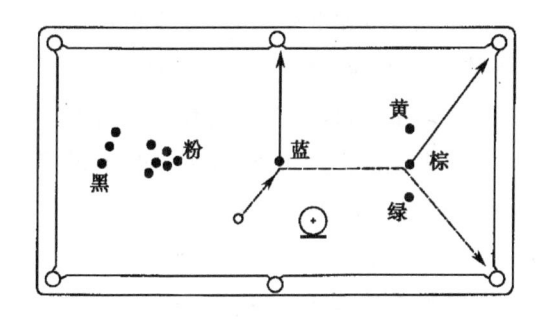

图 195　中杆送蓝色球入中袋主球碰棕色球落袋实例

当主球走位到后半区黄色球、绿色球附近时,可以利用击打黄色球或绿色球入角袋,使主球放回到前半台。如图 196

所示。

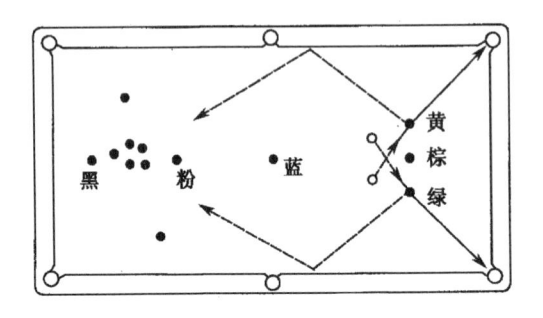

图196 击打黄球或绿球将主球放回前半台实例

十四、在斯诺克台球比赛中如何冲击红球组

在英式斯诺克台球比赛中,扫清散落在外围的红色球以后,就需要将剩余的红球组炸开,以便击打。宜从里面而不是从外面去冲击红球组,这样易于得到较好的结果。冲击红球组可以考虑安排多次冲击的可能,以便一击不行,可以再击,而且连续冲击,红色球必然散得很开。

冲击红球组大致上可分为以下几种情形:

1.首选的情形是将主球走位到黑色球附近,靠近红球组的一侧,使用反杆击打主球,撞击黑色球入角袋的同时,主球吃一库后,从底部岸边弹回去冲散红球组。参见图197。如果主球比黑色球还靠近岸边时,可在送黑色球入角袋的同时,直接冲击红球组。参见图198。

高级阶段

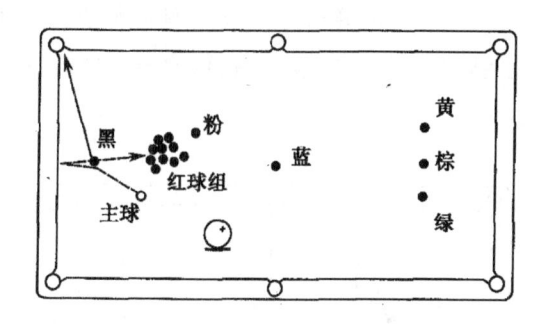

图197 利用送黑球入角袋冲击红球组实例

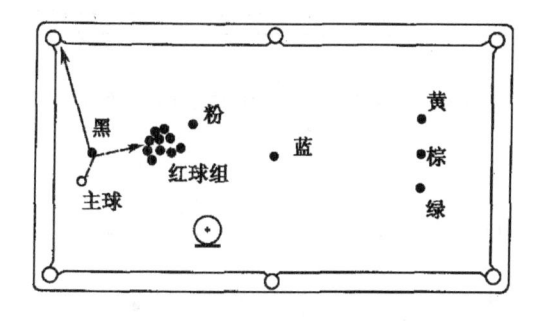

图198 利用送黑球入角袋冲击红球组实例

2.将主球预先走位到蓝色球的附近,主球在后半区内,击打主球使蓝色球入中袋,由于分离角等于90°的关系,主球将冲向红球组,将红球组冲散。参见图199。

利用蓝色球冲击红球组,如果剩余红球组仍保持三角形时,在送蓝色球入中袋的同时,主球容易落入角袋中而犯规。或者主球很可能走位到角袋袋口边沿附近,导致下一步不便击打。参见图200。世界台球名将埃佛顿倾向于不直接冲击,而是使主球吃长岸再吃顶岸后,再冲击红球组,这样可能更好一些。

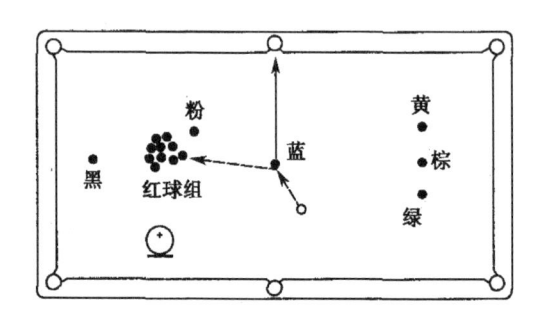

图199 利用送蓝球入中袋时冲击红球组实例

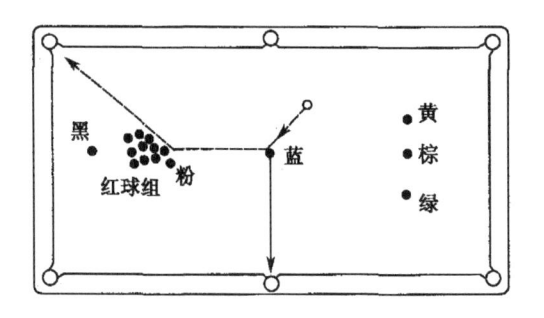

图200 送蓝球入中袋时冲击红球组主球落袋实例

3.利用中台附近的主球以随击加正确的侧旋打法,去撞击粉色球,来冲击红色球组。参见图201。

高级阶段

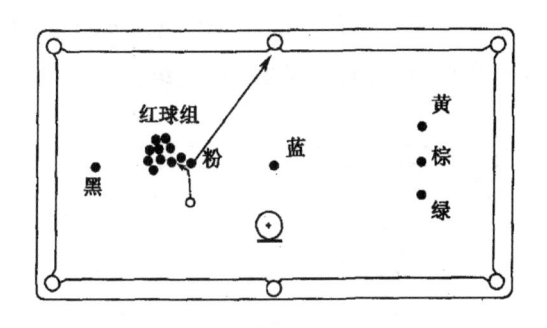

图 201 利用送粉色球入中袋冲击红球组实例

4.击打停在原位的黄色球或绿色球甚至棕色球以及不在原位的任何彩球,也可冲击红球组,击打哪个彩球最好选择半球角度的彩球,便于成功的走位,同时还要根据红球组的形状来选择冲击路线,即选择红球组面积较大的一面,以便主球容易碰到红球组。参见图202。

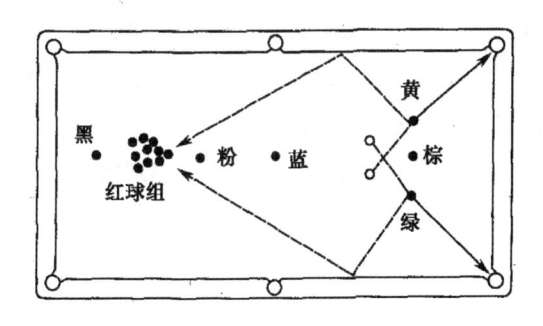

图 202 击打黄球或绿球冲击红球组的实例

5.利用任意的一个合适位置的红色球或彩球,在击打目标球入袋的同时,使主球正好冲向红球组。参见图203。

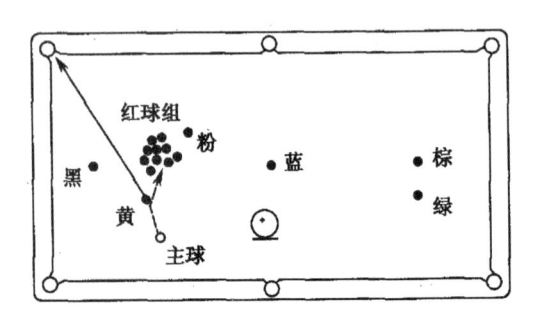

图203 利用送任意一个球入袋冲击红球组实例

十五、如何进行安全击

要击打具有最大好处及最小风险的球,这就是安全击,即自己不能继续击打时,也不会给对方留下机会。

安全击可以试着击打吻球入角袋,使主球返回首岸,如主球紧靠岸边,红色球入袋,此时黄、绿、棕三个彩球又在原位,不宜向中袋击打彩球,因击打困难,可改为轻击主球到彩球后面,给对方制造一个障碍球,这样较为妥当。

开局时的安全击,采用右旋球击打红色球组右边沿,使主球吃三库后返回到端岸附近,藏在绿色球后面。如果击打时不是足够的右旋,主球将碰到蓝色球。开局后的安全击将主球薄击红色球后,返回首岸是经常的事,这种技术应该精通,

高级阶段

一般此时的薄击常常小于半球。击打翻袋球时要考虑两种可能情形,当失败时,目标球与主球走位不会给对方留下机会;当成功时,你可以继续击球。当前半台和后半台均有红色球可打时,应仔细考虑主球走位,不给对方留下机会。当距离较远时,不要冒险把主球留在顶岸区,除非是首岸区更危险。你的主球在红色球组附近,又没有什么可下袋的球,这种情形比较常见。这时你应该薄击红色球,将主球尽量送至首岸附近,给对方制造困难,如能将主球藏在首岸彩球后面则更好。

下面举一些实际例子对安全击予以说明。

图204中,1号击球路线留给对方同样薄击机会,2号击球路线采用右旋使主球吃三库后回到首岸的另一侧,对方将较难于将主球再放回到首岸。

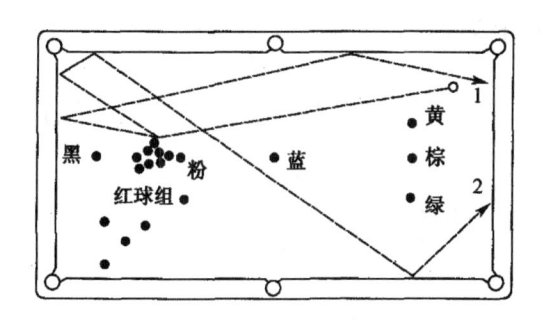

图204 如何不给对方机会的实例

图205中,示出了主球在前半区无击球入袋机会,1号击球路线是采用左旋,吃二库后留在首岸边。2号击球路线是

采用左旋吃一库后留在首岸边,由于采用左旋展宽了入射线和反射线间的角度,因而避免与绿色球相碰。

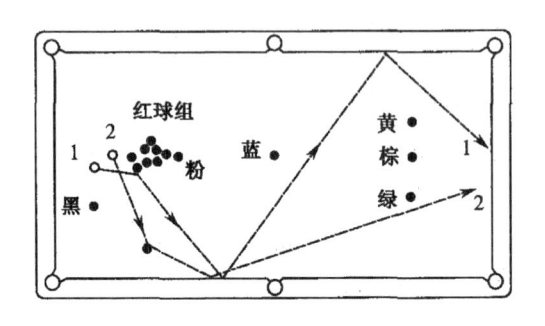

图 205　在前半区薄击红球将主球放回首岸实例

在图 206 中,由于没有机会将红色球打入袋中,所以可击打在外围的某个红色球的右侧,将主球吃两库后放回后半台。

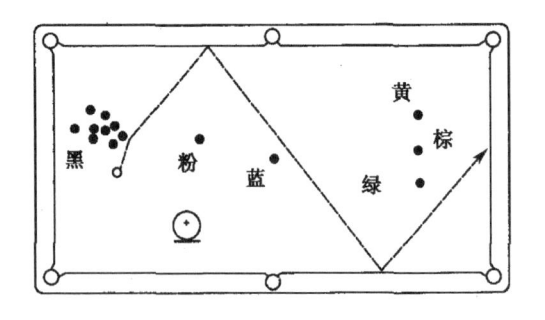

图 206　主球击打红球吃二库走位到后半台

高级阶段

在图 207 中,也是没有好球可打,而轻推主球使其撞击红色球后,直接滚动到首岸附近。

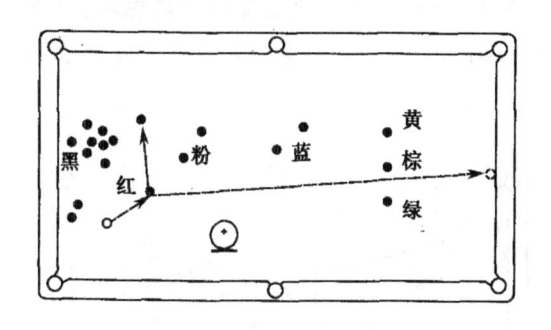

图 207　防守球击球走位实例

当将主球送回后半台时,要注意是否有可能碰到其他球而落袋。例如在图 208 中,薄击红色球后,主球又碰到黄色球而落入角袋中。

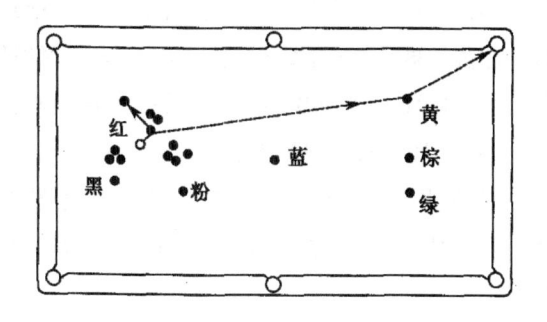

图 208　主球薄击并碰别的球落袋实例

在图 209 中,红色球 A 和 B 均有可能下袋,但距离较远,成功率较低,击打 A 球不成功时,将有可能给对方留下机会。而击打 B 球采用一点右旋,使主球绕过黑色球,吃两库后回到首岸边。即使不成功,也不会给对方留下机会,如果成功将有粉色球可打。

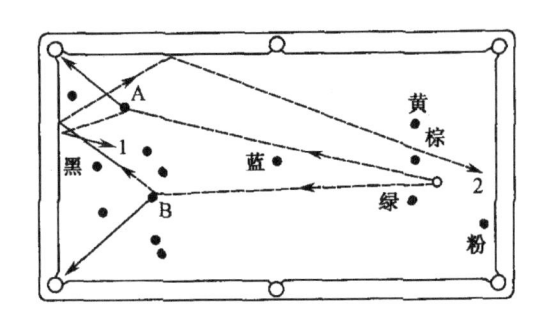

图 209　如何选择安全击的实例

图 210 中,主球下一步应该击打彩球,这时有绿色球和黄色球可打,如果打绿色球后,再打红色球,就比较难处理。不如先用缩击吃黄色球后,再用定位击,送红色球至顶岸区,将主球留在绿色球后面并靠首岸,给对方做一个障碍球。由于主球靠岸,对方将无法采用侧旋击。

图 211 中,采用右旋球,使主球吃一库后到达粉色球附近,绿色球吃一库后留在首岸,这样可以利用棕色球和蓝色球进行遮挡。

图 212 中,薄击粉色目标球,使其吃两库后藏到黑色球后面靠近顶岸,而将主球放回到首岸附近。不可整球跟击,这将

高级阶段

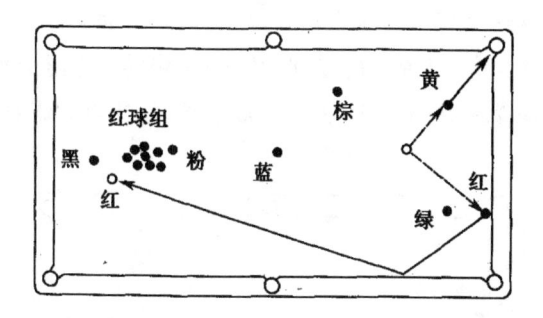

图 210　吃黄球后送红球至顶岸将主球藏在绿球后面实例

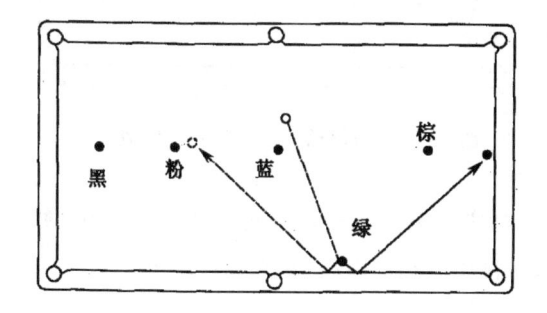

图 211　击打绿球至首岸将主球放回前半区中央实例

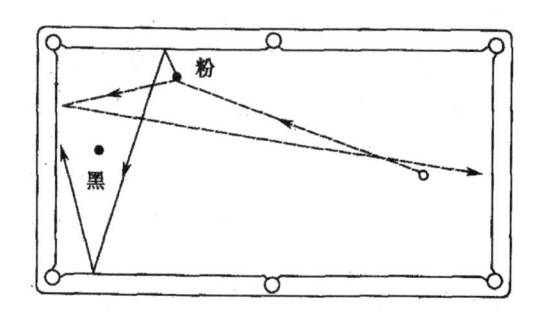

图 212　薄击粉球使其吃两库后藏在黑球后面实例

使粉色球送到首岸角袋附近,给对方留下机会。

图213中,仅剩黑色球,此时不宜翻中袋,应薄击黑色球,使黑色球贴库移动一些,将主球放在首岸,让对方难打。

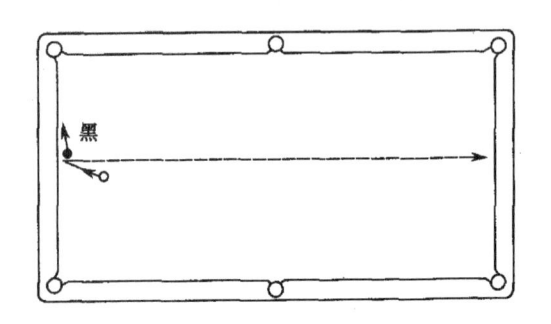

图213 薄击黑球将主球放到首岸边实例

图214中,击打主球去撞击远距离的目标球,使主球留在首岸,而把目标球吃二库后,送到顶岸附近。

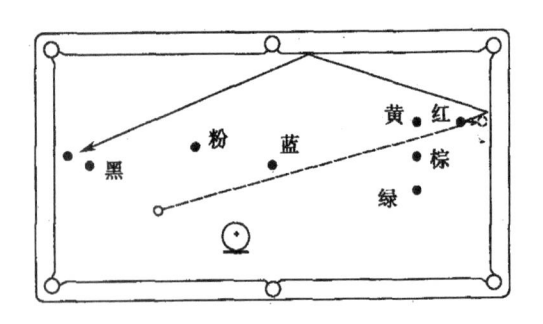

图214 主球击打远方红球主球留在首岸红球走位到前半台

十六、库边对称点的妙用

什么是库边对称点？当目标球位于球台中的某个位置时，从该点做一条垂直线段，与库边相交于一点，在线段的延长线上截取一点，使该点距库边的长度等于目标球距库边的长度，则该点即是目标球所在位置的库边的对称点。利用库边对称点便于计算的优点，在制造障碍球或者解救障碍球时，可以利用它来准确计算吃库点。

库边对称点为什么能够用来解救障碍球呢？今以图215来说明其中的道理。自目标球a向主球要吃库的库边做一条垂直线，该线与库边相交于点c，在该线的延长线上寻找一点b，该点至库边的线段bc长度与目标球距离库边的线段ac长度相等，该点即为主球吃库的瞄准点。自主球中心e点与b

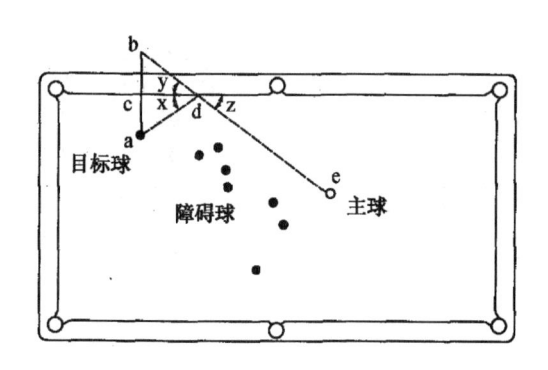

图215 解救障碍球等腰三角形法

点连一条直线 eb，该线与库边相交于点 d，图中 abd 构成一个三角形，图中由于线段 ac 等于线段 bc，而线段 cd 为三角形 acd 与三角形 bcd 的公共边，所以线段 ad 等于线段 bd，即：abd 为一等腰三角形，线段 cd 为其垂直平分线，所以角 x 等于角 y，角 z 与角 y 为对顶角，所以角 z 等于角 x。即：入射角 z 和反射角 x 相等。库边对称点符合入射角等于反射角的原理。实践证明这个方法比观察角度更为容易。

利用上图相似的原理，还可以为制造障碍球提供准确方便的计算。如下图 216 所示，图中设想将红色球送到黑色球后面点 e，然后在红色球的库边对称点 b 与 e 点相连，与库边相交于 d 点，这时只要将红色球朝着 d 点吃库，即可达到目的，此时再计算主球的瞄准点及击球杆法将主球送到棕色球后面。

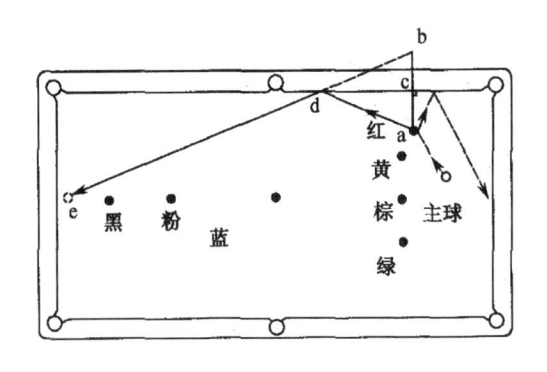

图 216 利用对称点制造障碍球

吃多次库时也可采用库边对称点的方法来计算，图217是利用对称点吃二次库解救障碍球实例。主球与相邻库边对称点为X，目标球与相邻库边的对称点为Y，X和Y两点的连线与库边相交于a和b。上述两点即是击球的吃库点，将主球朝着a点打去，就能够使主球在b点吃库后，碰到目标球。

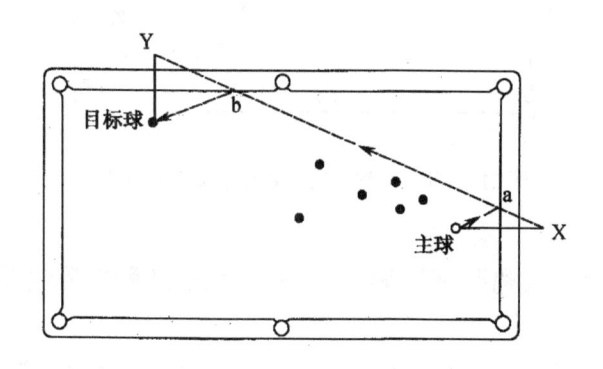

图217 利用对称点二次吃库解救障碍球实例

吃三次库时也可利用库边对称点来计算。参见图218。首先需要确定目标球的库边对称点X，然后确定主球的库边对称点Z，最后在库边选取一点Y，点Y与X和Z的连线与库边的夹角不宜过大或过小。Y和Z两点的连线与库边相交于a，a点即为主球吃库点。

采用对称点时一定要注意，该点必须是在库边的垂直方向上，否则将达不到目的。瞄准点或吃库点判断好以后，可以参考该点至球台袋口的距离，或者该点与台面上某个球的相对位置来击球。

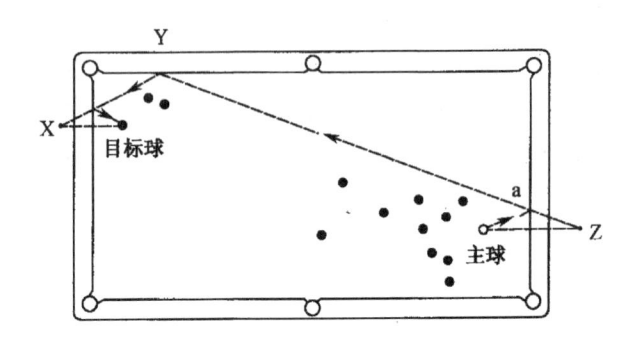

图218 利用对称点三次吃库解救障碍球实例

十七、利用库边等分点主球吃三次库的路线算法

这儿介绍一种算法,它可以在主球吃三库时提供较为精确的计算方法。如图219所示。将主球第一次吃库的岸边等分为1.0、2.0、3.0、4.0,这个岸边编号称为第一岸编号,将第三次吃库的岸边和另一个短岸边等分为1.5、2.0、2.5、3.0、3.5、4.0、4.5、5.0、6.0、7.0、8.0,这后两个岸边的编号称为主球编号。例如当主球自角袋袋口朝着首岸3.0处击球时,这时主球的编号为5.0,而首岸编号为3.0,两者编号之差为2.0,主球第三次吃库点将是主球编号2.0处,主球最后将向上方的角袋滚去。美式台球桌岸边标有等分星号,所以使用起来比较方便,斯诺克台球桌虽然没有这样标记,不过也可想像把台球岸边等分,然后参考此法来计算主球吃库路线。这

个算法与台球桌本身有密切关系,要结合不同的球桌来试验并调整。要注意,击球方向是正对第一次吃库的等分标记,而不是等分标记的对应库边,如图中的击球线所示。这个算法只能正向使用,不能反向使用。

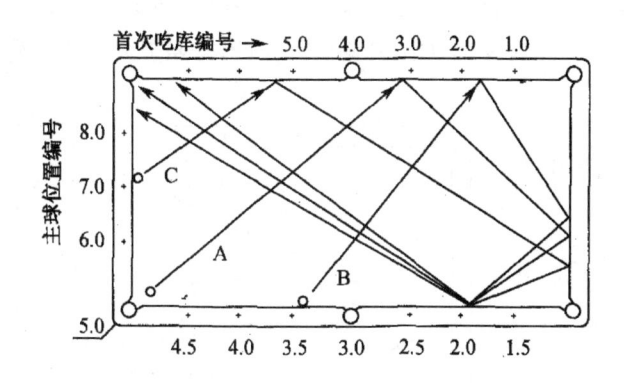

图 219 利用岸边等分点主球吃三次库算法

如果击球方向与上图相反,就把整个图左右翻转过来。如果是向下击球,就把整个图上下翻转过来。

十八、主球吃三次库的远点算法

这一节介绍一种"远点算法",它是用来计算主球吃三次库时的一种算法,参见图 220。首先要求测出欲击打的目标球距离角袋岸边的距离 ab,然后在对面的短岸确定一点 c,该点与岸边的距离 cd 等于 ab,走到角袋 z 处,用单眼瞄向 c 点,扩展视线向球桌外的远方寻找一个参考目标 X, 这个目标可以是一个柱子的柱角、一个窗子的边框、球杆架上的一根球杆等等。这个目标最好尽量远一点, 在球桌边沿 4 米以外较好。最后将主球瞄准远方目标 X 后, 进行侧旋击球, 主球将吃二次库后碰到目标球。主球的位置只要是在 cdz 三角区内均可适用。这个算法需要你试验几次, 找出需要多大的侧旋量。

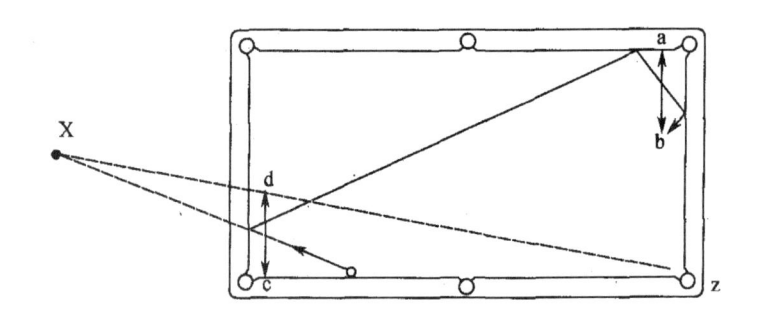

图 220 主球吃库远点算法实例之一

不同的球桌主球吃库的路线也不一样, 所以在不熟悉的击球球桌上, 在比赛以前要进行一系列试验, 掌握该球台的吃库性能, 以便利用远点算法。在图 221 中, 首先从球台角袋袋口 z 处向中袋附近的长岸击打主球, 找出两条路线 a 和 b。然后在两条线路首次吃库处, 向远方寻找两个参考目标 x 和 y 备用。在比赛中, 当你的主球在角袋 z 附近, 需要击出路线 a (或 b) 时, 可以直接瞄准远方的 x (或 y) 目标击球, 这样主球将会到达你所要求的地方。

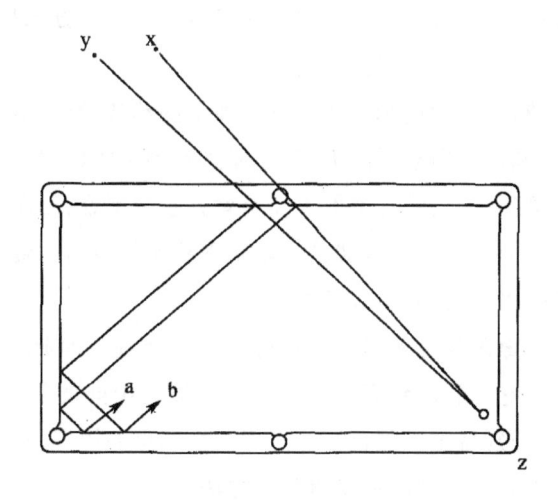

图 221　主球吃库远点算法实例之二

十九、如何制造障碍球

什么时候制造障碍球呢？通常是在己方比分落后或者是形势落后的时候给对方制造障碍球，以便缩小比分差距或者扭转落后形势。此时有得分机会也不宜入球，因为台面上的球越少，障碍球就越难做。在斯诺克台球比赛中，当台面上只剩下一个红色球的时候，最容易制造障碍球。因为对方必须击打这个惟一的目标球，而且台面上 6 个彩球均可作为障碍球。当分值低又没有连续得分机会时，也应该制造障碍球。虽然有得分机会，但是难度很大，也可采取制造障碍球战术。还有一种情形就是制造障碍球非常容易，能使对方处于很困难的境地时,也可以做。给对方做障碍球即使对方未犯规,也常常给本方留下很好的机会。

制造障碍球时,选手要根据台面上的球势,选择适当的击打方式,同时运用合适的力度,才能达到预期的目的。初学者在制造障碍球时,常常不但未能给对方制造困难,反而给对方提供了得分的良机。这就是基本功不扎实的原因。要避免上述现象的发生,就要练好基本功。

制造障碍球可采用吃库反弹把主球留在原目标球处,将目标球经吃库后送到远方。或者切击球台中间的目标球,吃一库后,分别将主球与目标球送到两个相反的短库边。

下面介绍几种制造障碍球的方法:

轻击彩球,使主球紧贴彩球,使对方不能直接击到红色目标球。参见图 222。

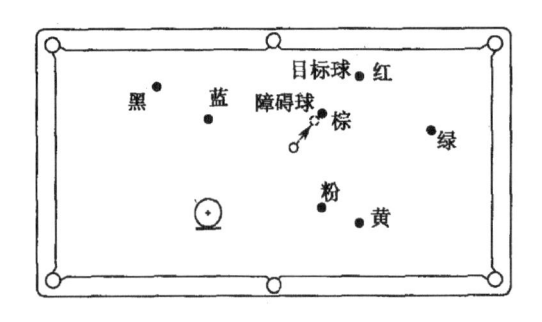

图 222 主球轻碰彩球使该彩球成为障碍球实例

高级阶段

击打主球到某个球的后面,而将对方要打的目标球送到某个球的前面,使某个球成为障碍球,让对方无法直接击打目标球。如图 223 所示。

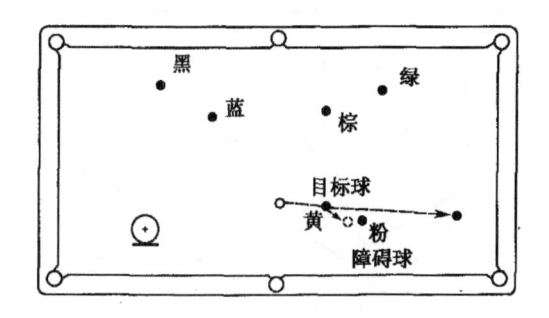

图 223 采用推进球制造障碍球实例

薄击红色球,将主球放回到首岸,红色球则被数球遮挡。参见图 224。

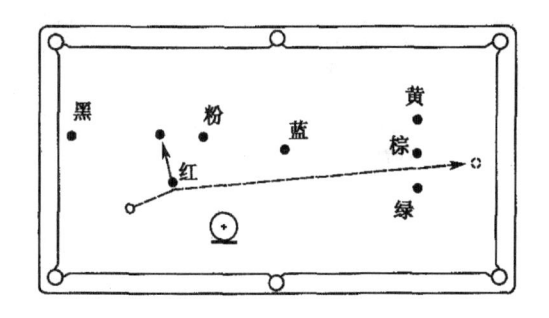

图 224 薄击红球制造障碍球实例

又如图 225 所示,薄击红色球,主球吃两库后送到后半台,红色球则留在前半台,主球和红色球之间有数个障碍球遮挡。

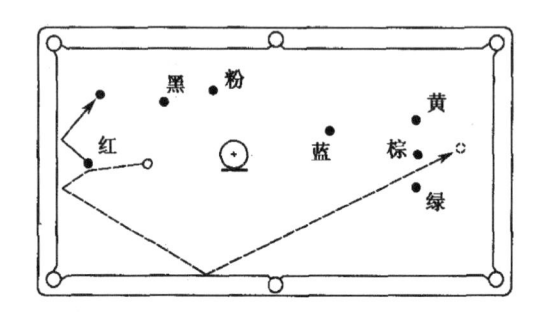

图 225　薄击红球制造障碍球实例

采用定位球击打技术,将主球定位在红色球处,红色球则经岸边反弹到端岸附近,主球和红色球之间有数个球遮挡。参见图 226。

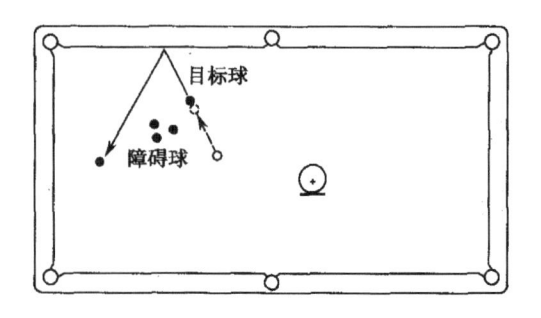

图 226　主球定位目标球反弹制造障碍球实例

高级阶段

采用随击,将主球送到首岸,红色球则吃库后,反弹到端岸附近,主球和红色球之间有数个球遮挡。参见图227。

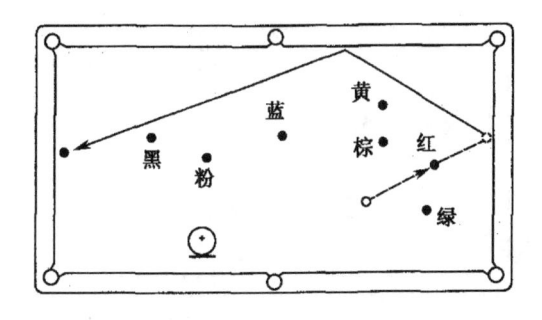

图227 主球跟进目标球反弹制造障碍球实例

当最后一个红色球位于黑色球后面时,也可采用倒顶球将红色球踢到首岸区,而将主球停在红色球原来位置,这样即可利用黑色球制造障碍。如图228所示。

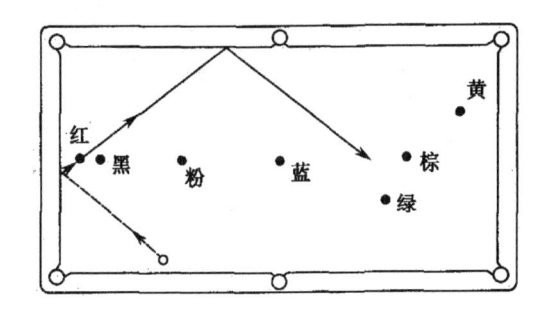

图228 倒顶球制造障碍球实例

采用随击加左旋打法,使主球和红色球均吃库分别向相反方向弹出,主球和红色球之间有障碍球阻挡。参见图229。

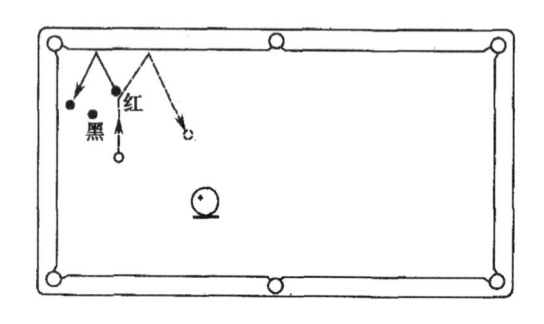

图229 利用随击加左旋制造障碍球实例

在图230中,红色球贴在岸边,采用缩击加左旋打法,使主球和红色球分别向相反方向弹出,主球和红色球之间有数球遮挡。

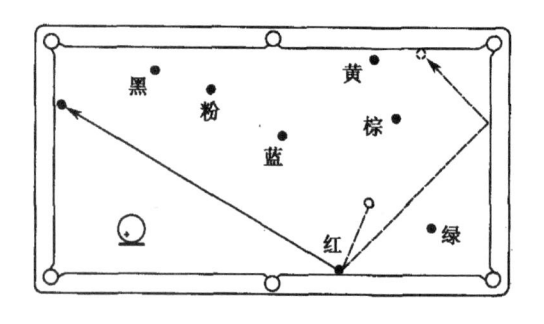

图230 利用缩击加侧旋制造障碍球实例

高级阶段

单纯采用缩击打法,将红色球送到端岸,主球则后退一段距离,主球和红色球之间有数球遮挡。参见图231。

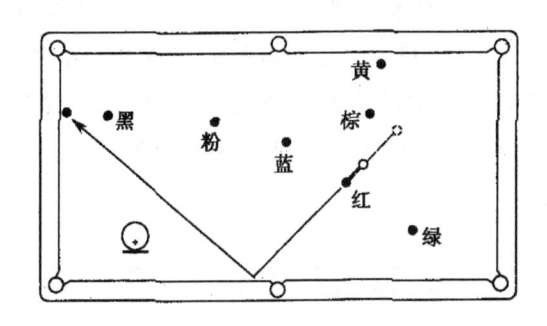

图231 利用缩击制造障碍球实例

可以利用原位彩球中任意两个或三个同时作为障碍球,由于遮盖区域较大,这种方法容易获得成功。如果棕、蓝、粉色球均在原位,你可以将主球放回首岸,让绿色球弹到粉色球后面较大区域,使对方不能直接击打绿色球。参见图232。

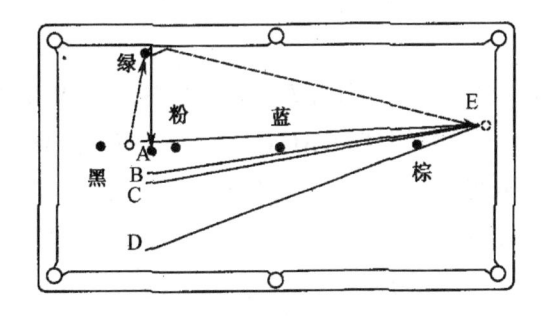

图232 同时利用两个或两个以上彩球制作障碍球实例

绿色球只要走位到 EA 和 EB 连线之间或者 EC 和 ED 连线之间即可，所以非常容易成功。

即使最后仅剩蓝色球、粉色球、黑色球三个球时也是如此。参见图 233。将主球走位到顶岸，将蓝色球放置在首岸，利用粉色球、黑色球作为遮挡，粉色球和黑色球之间只有很小的隙缝可以穿过，在 CA 连线和 CB 连线之间基本上都是障碍区。

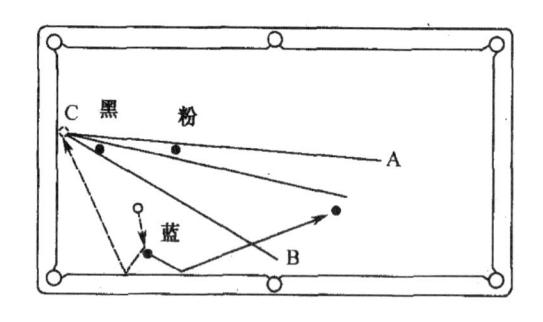

图 233　利用两个原位彩球制作障碍球实例

在 2002 年 LG 杯大师赛四分之一赛中，史蒂夫·戴维斯在决胜局中制造的障碍球，具有很大难度，连续罚了保罗·亨特 5 次，共计获得 20 分，为该局的胜利打下了基础。见图 234，图中史蒂夫·戴维斯击打一个红色球后，主球走位到蓝色球后面，这时要想继续将最后一个红色球收入袋中很困难，因此他不击打蓝色球入袋，却薄击黄色球，将主球藏在棕色球的后面。

高级阶段

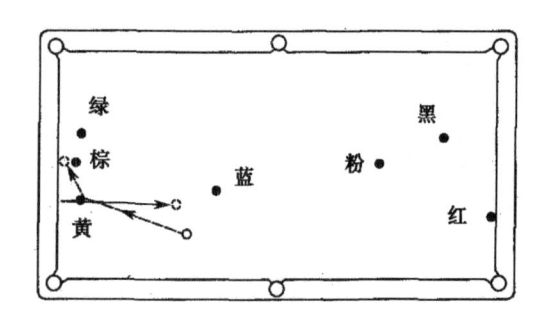

图 234　戴维斯制造的障碍球名局欣赏

二十、如何解救障碍球

在主球和目标球之间有障碍球存在时，击打的方法有三种：

1. 采用弧线球，击打主球使其行走路线为弧线，因而绕过障碍球后碰到目标球。击打方法参见如何击打弧线球一节。当障碍球位于要击打的路线的左边时，应该击左偏杆，反之，应该击右偏杆。同时，使主球朝着障碍球的外边一些行走，击打方向稍稍偏离障碍球一些，击打的弧线越大，偏离的距离也要越大，这样就可以绕过障碍球，打到目标球。参见图 235。目标球距离主球越远时，使用弧线球越容易成功。

2. 采用吃库球，击打主球使其吃一库或多库后，再碰到目标球。此法则需要精确的计算，具有更多的经验者可以采用。参见图 236、图 237 及图 238。

235

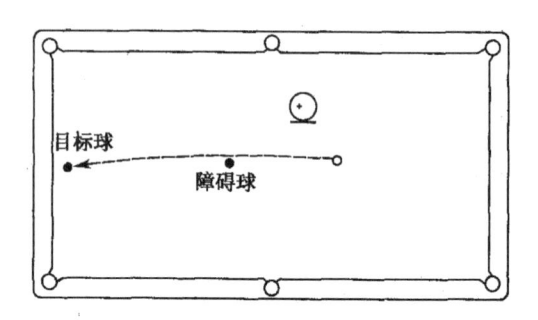

图 235　弧线球绕过障碍球实例

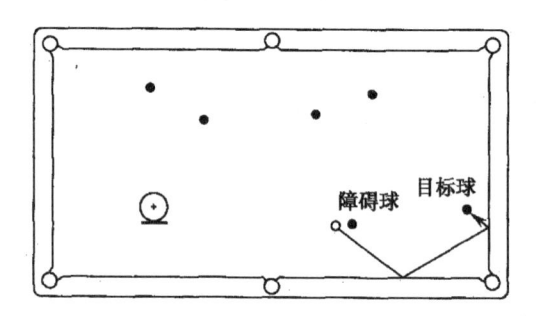

图 236　吃库球解救障碍球实例

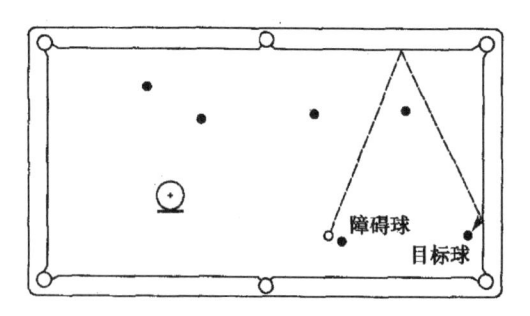

图 237　吃库球解救障碍球实例

高 级 阶 段

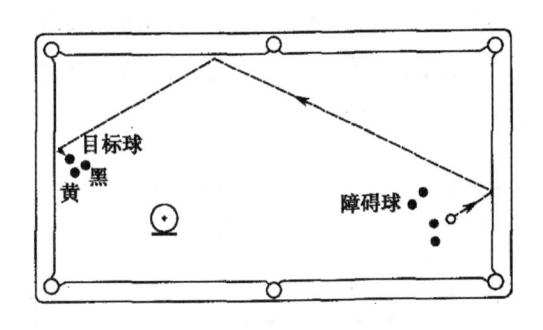

图 238　主球吃多库解救障碍球实例

在图 239 中，将主球吃库后轻轻地滚到红球组处，有单个红色球时，可以将主球与所救的球尽量分开，使其滚到对方难于击打到目标球的位置。

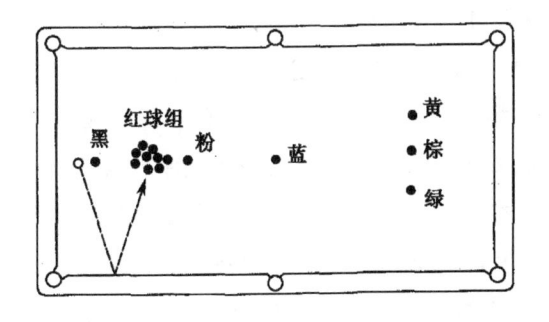

图 239　解救障碍球轻轻滚到红球组实例

解救障碍球要考虑后果。如图 240 所示，1 号击球路线，击打撞击明显的红球组虽不被罚分。但有可能使对方获得良好的机会。还是2号击球路线好,它吃二库后轻轻碰到贴库的红色球,宁可击不到红色球而被罚分,也不让对方获得良好的机会而获胜。

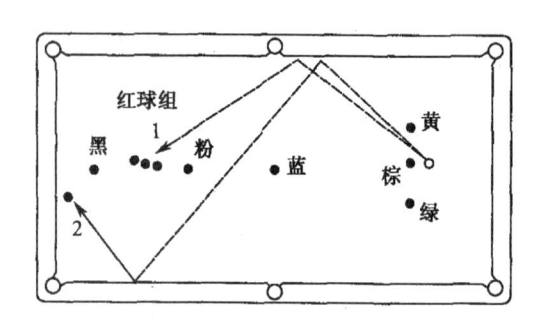

图240 解救障碍球时进行选择实例

3.采用袋角反弹球,这又分为角袋袋角反弹球和中袋袋角反弹球两种。

(1)角袋袋角反弹球。当目标球在角袋袋口附近、主球和目标球之间有障碍球,主球、角袋和目标球形成一个直角时,而且目标球距离主球较近、弧线球和吃库球均不能采用时,只能使用这种方法解救障碍球。此时可大力撞击主球,使主球先碰到角袋袋口外角,反弹到角袋内角后被弹出,然后沿着岸边前进,从而碰到目标球。如图241所示。

(2)中袋袋角反弹球。当目标球在中袋袋口附近,主球和目标球之间有障碍球,又无法采用弧线球和吃库球解救时,可以采用中袋袋角反弹球。中袋袋角反弹时,只是利用中袋的一个边角,经一次反弹即可。参见图242。

高级阶段

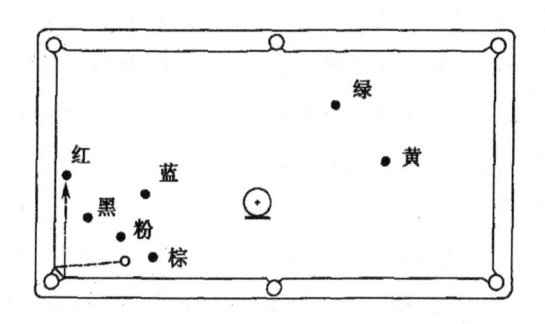

图241 角袋袋角反弹球解救障碍球实例

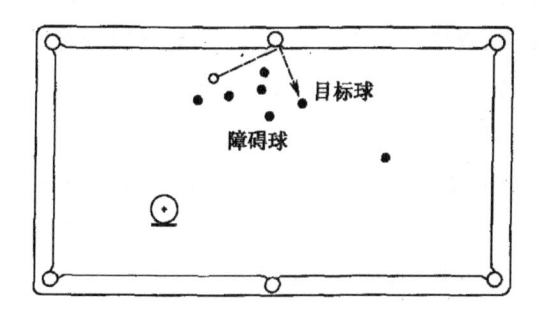

图242 中袋袋角反弹球解救障碍球实例

4.采用跳球。跳球的击打方法参见如何击打跳球一节。跳球能够直接越过障碍球去撞击目标球,这种方法在斯诺克台球中是被禁止的,判为犯规。在50年以前,美式9球也视为非法,如今美式9球比赛中却经常使用。

遇到障碍球时,应设法找出解救方案,如果认为已无法解救时,或者目标球分值较低,解救时主球有碰到高分球的可能性,要尽量选择避免误击高分值球的路线,并且使用足够的力度,使主球在没有碰到目标球的情况下,停止在有可能击到目标球的位置,避免被判无意识救球,以免被连续罚分。

初学者利用吃一库来撞击目标球时,可以利用球杆作为辅助工具,即,将球杆放于目标球的上方,球杆的头部指到库边一点,然后观察主球和杆头的连线与库边形成的夹角 A,是否与球杆与库边形成的夹角 B 相等。如果不等,应该相应调整杆头的位置,直到两个夹角相等为止,此时杆头的位置即为主球撞击点。这时可以将球杆杆头顶着库边,将球杆转移到主球的上方,看准球杆头部的位置,然后撤回球杆进行击打。待水平提高后,在主球方位上用目测判断即可。

此外,可以采用库边对称点来计算主球的吃库点。这个方法更容易计算准确,参见《库边对称点的妙用》一节。当主球与目标球距离岸边相等时,也可以采用等腰梯形中点瞄准法来解救障碍球。如图 243 所示。

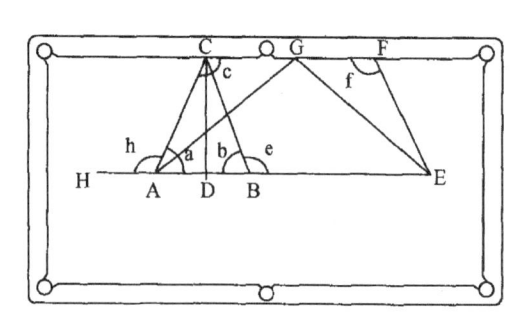

图 243　等腰梯形中点解救障碍球原理图

图中 A 点为目标球,E 点为主球,它们距离岸边等长,即 AE 线段平行于岸边 CF,设 D 点为参考点,CD 垂直于岸边,B 点为以 CD 线为参考线 A 点的对称点,以 BC 为参考线做 EF 平行于 BC,G 点为 CF 线段的中点,ABC 为等腰三角形,BCFE 为平行四边形。

图中 AC = BC = EF,CG = FG,角 a = 角 b,角 f = 角 e,角 c = 角 h,角 h 与角 a 是补角,即两者相加等于 180°,角 e 与角 b 也是补角,角 e = 角 h,角 e = 角 c,因而角 f = 角 c,所以 ACFE 为一等腰的梯形,线段 AG 与线段 EG 与库边的夹角相等,即此时入射角等于反射角。所以主球朝着 G 点打去,就能碰到 A 点的目标球。

解救障碍球吃一库的情形较多,但有时也经常需要吃多次库的情形,平时应该进行这种练习,例如主球位于黄色球、棕色球或绿色球之后,解救位于顶岸中心附近的红色球,这时就要吃两次库才行,力度要求刚刚碰到为止。这样不会给对方进球的机会。也可将主球放置在任意位置,试着使主球吃两或三次库碰到指定位置的目标球。经常进行这样的练习,就会使你体会到主球在何处吃库,才可解救到目标球。最好是练习主球在一些特定位置,并在特定位置吃库时,主球的行走路径,这样一方面数量较少便于记忆,同时又可在类似的情形时作为参考,这样会提高你的解救障碍球的成功率。例如利用主球在棕色球旁开球时,在距离中袋袋口长度为台球桌的长边的 1/8 处吃库时,主球就会在底岸吃库后,撞击到红球组,你就可在类似的情形下,参考这一特定线路,在解救障碍球时加以利用。如图 244 所示。

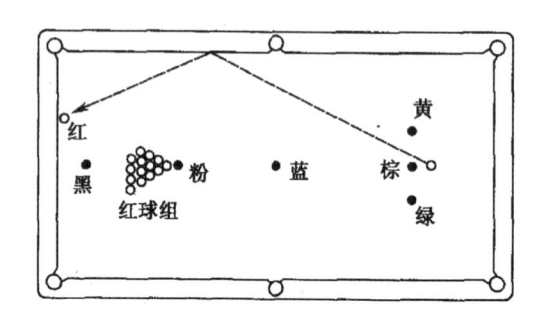

图 244 利用开球的特定路线解救障碍球实例

为了掌握球台的性能和主球特殊走位路线,可以在空的球台上从角袋袋口击打主球,使主球撞击斜对面长岸的某些特定点,如图 245 所示,观察主球吃库后走位情况,在需要击打类似路线位置时加以参考利用。

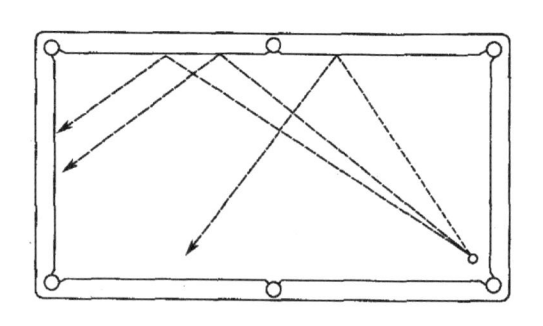

图 245 检查球台性能试验击球路线

目标球距离反弹岸边越近时,救球的成功率就越高。这是因为同样的球体大小,距离反弹点越远则所遮挡的角度越小,距离反弹点越近所遮挡的角度越大。因此,应该尽可能地选择从靠近目标球的岸边反弹,宁可多吃一次库以求得到近岸反弹。吃库球一般应该采用中杆,以保证入射角等于反射角的轨迹。但是,如果上述路线有球遮挡时,则应采用相应的左旋球或右旋球进行击打。

利用适度力量的反弹球控制主球和目标球的走位。吃库反弹的角度与台面新旧程度有关,新换的布反弹角度较宽。

解救障碍球时,如果红色目标球贴库,应采用柔软的力度击打主球,使其刚刚接触到红色球,让对手无法击球入袋。由于主球靠近岸边,也将不便击打其他红色球入袋。

当解救的目标球不在岸边,且对手也需击打该目标球时,有时可采用适当的力度击球,将主球与目标球分开较大距离。

这里介绍一个效率较高的练习解救障碍球技术的方法:就是将全部台球放在台上,然后用主球或任意一个球去撞击一个目标球,但是,不要撞击可以直接撞到的目标球,要用弧线球或者吃库球去撞击难碰到的目标球。这样可以连续地练习击打弧线球或者吃库球,从而较快地提高解救障碍球的能力。

二十一、如何避免犯规

在台球比赛中犯规,会使对方增分或得到好机会,最终将导致比赛失败。

1.防止空杆。所谓空杆,就是主球没有击中目标球。防止空杆最根本的措施是要准确瞄准目标球,当主球贴边又与目标球相距很远时,极易发生空杆现象。为此应该使用适中的力度击球,撞击主球的中心或中心上撞点,瞄准目标球的整个球体,这样做一般不会空杆。此外,采用薄球击打远距离的目标球时,也易出现空杆。当主球距离岸边较远,需要使用架杆击球时,却未使用架杆而勉强击打时,也容易发生空杆。

2.防止滑杆。所谓滑杆,就是由于杆头过于光滑,球杆的端部未能正确地撞击到主球的理想部位而滑脱。为避免发生滑杆现象,要用钢锉或砂纸将球杆皮头打毛。在比赛中,每次击球前要用巧克粉擦抹球杆皮头,同时注意撞点不要超出安全区,这样就可以防止击球时出现滑杆。

3.防止推杆。所谓推杆,就是击球时球杆同时推着主球和目标球走,或者球杆头部与主球相贴而同时向前推移。当主球与目标球相距很近时,很容易发生推杆现象。因此,如果主球与目标球相贴,击打主球方向与目标球方向之间必须大于90°,不要让被贴球有丝毫移动,否则犯规。如果两球相距小于一个球时,而又朝着目标球方向击球,必须打极薄球,这样才可避免出现推杆。

4.防止主球落袋。击球时可能出现下列几种情况:

(1)主球跟进可能落袋。

(2)主球分离方向可能落袋。

(3)主球吃库后可能落袋。

防止跟进落袋可采用定位球或缩击,防止由于后两项原因而落袋,可采取的方法是改变击球力度或改变主球撞点位置。

5.防止同击和误击。同击和误击常常是由于判断错误而发生的。当目标球附近或目标球与主球之间,有非活球存在时,击球前要仔细观察、判断。当主球将目标球击落袋内时,若有可能同时撞到非活球,或可能先撞击到非活球后,才能击到目标球时,就应该放弃击打该目标球的企图。

二十二、英式斯诺克台球战术

斯诺克台球是台球运动中一种得分和罚分并重的台球比赛。一方面自己送球入袋得分,另一方面运用各种手段使对方罚分。

斯诺克台球的台面较大,袋口较小,用作障碍球的彩球也较多,因此便于防守。

斯诺克台球的红色球大多停留于前半台,双方在每次轮到自己开始击打时,必须先击打红色球入袋,为此在自己没有很大把握继续击打时,球员总是想方设法将主球放回后半台首岸附近,以使对方击打红色球困难。通常尽量采用薄击,以便能较好地按照计划意图走回首岸,击成厚击时,将产生宽广的角度变化,导致主球停留于前半台。有时要根据主球返回路线需要,正确采用左旋或右旋,从空当中穿出返回首岸。

当进攻困难时,可以采用防守性的打法。有如下的几种情形:1.尽量将主球与目标球分开,使其相距较远,因而让对方比较难打。2.将主球放回库边,通常是后半台库边,远离位于前半台的目标球,使对方不好下杆击打。3.将目标球放回到主球对面的库边,远离袋口,因而使对方不容易将球打进。4.制造障碍球,使对方无法直接击打目标球。

在开局阶段通常双方均采取守势。也就是说等待对方出现失误,给自己进攻提供机会。当没有较大把握时不宜冒险进攻。

通常情况下,选手取得进攻机会将红色球打进后,都尽量将主球留在前半台,以便击打高分值的黑色球或粉色球。当前半台没有更合适的红色球可以击打时,或者击打后,难以击打黑色球或粉色球入袋时,也可击打某个红色球入袋,将主球放至中台,然后再击打蓝色球,将主球过渡至前半台。有时必须薄击某个红色球,因此不得不将主球放至后半台,这时可击打黄色球或绿色球,主球吃库后再过渡到前半台。

有时选手在没有较大的把握进球时,也可在击打红色球或彩球的同时,将主球放至后半台,以防击球不中时,将机会留给对方。这叫连打带跑的战术,攻中有防。如果击球入袋,则可再击打黄色球或绿色球过渡到前半台。

当台面上剩两个红色球时,一个红色球贴库较难打。如你领先30分时,可作安全击,击打台中间的红色球。如果是落后30分时,应该采用安全击踢开岸边的红色球,以便以后你有较多的机会连续击入两个红色球而取胜。当台面仅剩彩球时,有一个或多个球贴库,而对方需要全收才能取胜时,你

高级阶段

应该尽可能不将这些球击到球台中间。如果全部彩球均是易于击入的话,你仅仅一个失误,就会丢掉这一局。一个或以上的球在岸边,你将还有机会取胜。

发现何处有麻烦应该提前处理。例如数个球挤在一起,或者贴岸等。应提前将它们击散,或踢离岸边。在开始击球时,应该找比较容易的球击打,以便控制击球权。

没有十分把握击打目标球入中袋时,不宜使用翻袋技术,因为出现失误时,目标球将停留在袋口附近,给对方留下机会。

英式斯诺克台球与围棋有着极其相似的地方,在围棋的比赛中,全局可分为三个阶段,即布局阶段、中盘战斗阶段、收官阶段,而英式斯诺克台球比赛也可分为三个阶段,即开局阶段、中局阶段、收尾阶段。开局是双方的相持阶段,不使对方有机可乘,在开局相持阶段时候,如果台面上的球势不宜或者不易将主球放回上半区时,也可将主球停在下半区。不论主球放在哪一区,都要求使对方无机可乘,要注意同是一个半区内,不同部位的击球机会却不尽相同。在打破相持局面后,即进入中局阶段。在中局阶段,一般先扫清外围散开的红色球,然后再伺机设法撞开剩余的红球组,因为如果过早撞开红球组,当你一旦击打失败后,将给对方以非常有利的条件。围棋的中盘战斗难分上下时,胜负就要看收官能力了。斯诺克台球如果中局阶段相差无几,胜负就要看收盘的能力了。当仅仅剩下一个红色球时,即进入收尾阶段。这时就要将红色球打进,慎重地选择击打一个适当的彩球,使主球走到便于击打黄色球的位置，以便最后将全部彩球一杆收尽。彩球经常是在原位，所以选手要重视对原位彩球的击打练习，因为这常常是决定胜负的关键所在。

二十三、美式台球战术

1.美式9球战术

美式9球的台面较小，袋口较大，容易下袋，球的总数也较少，因而不易防守，对进攻的一方较为有利。

美式9球是双方共同击打同一号码球，如果你不能将应击的号码球送入袋中，你必须使对方也难于将该球击入袋中。

开球后，如果9号球在袋口附近，自己又无法一杆清台时，为了避免给对手留下机会，可以利用开球时的推杆，直接将9号球撞入袋中，这样做并不犯规，推杆时可以撞击任何球，这时9号球将被放回置球点，由对方击球。

要善于利用规则，例如在2003年达芙妮杯亚洲女子9球巡回赛中，范瑞芳对蔡佩真的比赛中，蔡佩真开球后，主球出台，犯规一次，范瑞芳利用台面上便于制造障碍球的球势，给蔡佩真连续制造了两次障碍球，蔡佩真连续救球失误，第一次主球没有碰到目标球，第二次虽然主球碰到目标球，但是主球却自落，这样她已经连续三次犯规，因而范瑞芳轻松地取得该局的胜利。蔡佩真在后来与高淑品的对局中，利用上述类似情况，也轻松地胜了高淑品一局。所以开局时主球出台或落袋犯规是很危险的，一定要把开球练习好。

高级阶段

美式9球规则比较严格,比赛选手必须按照顺序号码打球,否则该局作负。例如,2003年达芙妮杯亚洲女子9球巡回赛中,周萌萌对刘青青比赛,周萌萌开局后有球入袋,本应击打1号球,她没有看清楚,却击打了2号球去撞击另一个球进袋,裁判判她打错号码球,该局负。

如果你不能一口气将全部球收完,你就不应急于将更多的球送入袋中,因为台面上的球越少,对方就越有机会将球全部收完。你应该在适当时机给对方制作障碍球,为自己创造机会。例如图246所示。这时可以采用定位球将主球留在7号球旁边,而将目标球经吃库后反弹到其他球的后面。

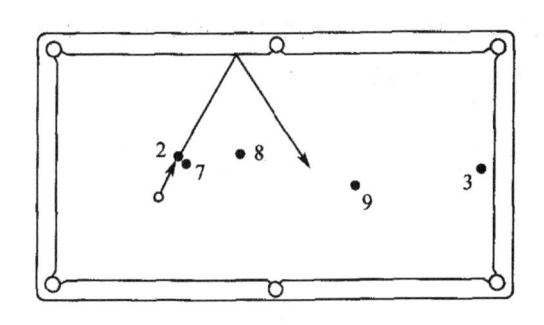

图246 美式9球制作障碍球实例

又如图247所示,如果你击打5号球入角袋,主球可能走位到下一步难于击球的地方,这时你不要把5号球打入,而是将主球留在岸边藏在8号球的后面,将5号球反弹到另一区,利用8号球和9号球的遮挡,给对方制造困难。

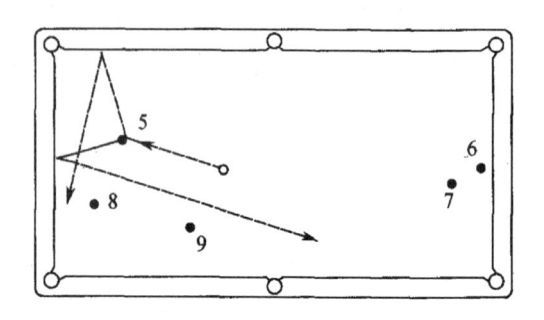

图247 美式9球制造障碍球实例

击打中袋球,如跟进时容易导致主球落袋,此时下一个目标球恰好又在中袋袋口并贴岸时,可以利用借力球使目标球落袋,又能踢开贴岸的目标球。参见图248。

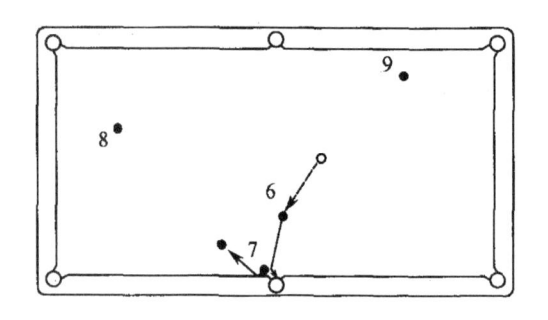

图248 利用送球入中袋时踢开中袋袋口旁边球的实例

一般情况下不宜击打借力球,企图使9号球入袋,但是,如果下一步的球很难打时,也可冒险一试。如果9号球在袋口附近,很容易击打时,则可以优先击打之。

2.美式8球战术

美式8球是将目标球分为两组,各击本组的球,然后再击8号球入袋。因此开局后需要选择组别,在选择击打哪组球时,如果有极容易的袋口球,但是该组球中有相互靠近的球组,不易击打,就不应该选择这组球,而是去击打另外一组球,将该组球留给对方。

在打到本组球的最后两个球时,如果不能一气将8号球也收完的话,你先不要急着把容易击的球击入袋中,而要首先击打难击的球,将其移动到容易击入袋中的位置。这样待轮到你下次击球时,就可一口气将球全部收完。有些球员认为能进一个是一个,其实他不知道这样将给自己带来多大麻烦。如果将本组球只剩下一个球或者仅剩黑色球时,对方很容易给你制造障碍球,你将陷于被动。如果台面上有两个本组的球,对方就比较难于做出障碍球,因为这个球若不好打,还可以打另外一个球。

当对方落后我方领先,我方这时仅剩黑色球时,如无十分把握击球入袋,千万不要采用中等以上力量击球。因为如果黑色球不能落袋,黑色球会远离袋口,使得下次也很难击入。这时可以采用轻击黑色球,使其刚能到达袋口附近,即使这次不能入袋,下次击球将确保黑色球入袋。

当本组的球紧邻袋口时,一般可不必急于将其打入袋中,这样可以使对方不易下球。

当对方有球在袋口,而且本方未下袋的球又很多时,也可将本方的球包围该袋口球,这样一来,使对方不能直接击打该球,本方可以首先从容击打本组其他的球,最后再来处理这一处的球。如果对方除了该袋口球外已经无其他球可打,这时只能迫使对方犯规,从而给本方创造取胜的良机。

当目标球位于中袋袋口,主球位于直线击球位置,下一个目标球又位于短边时,如果采用定位球或缩击都不便击打时,应采用前旋加侧旋击打中袋目标球,使主球前冲吃库后,走位到理想的位置。

二十四、美式9球台球比赛精彩实例

1. 图249为击打贴边球入角袋时,同时利用主球走位,将另一个贴边球踢离岸边的实例。

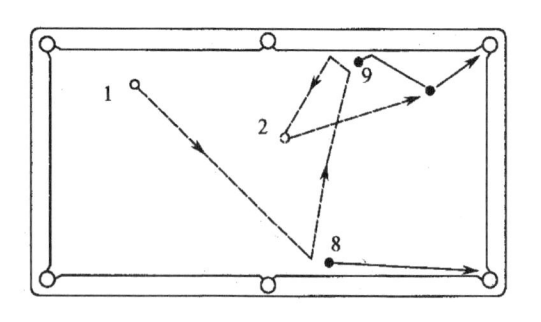

图249 美式9球主球走位精彩实例

高级阶段

2.图250为主球击打中袋袋口球入袋,使主球吃多库后,大回环走位,到下一个目标球同侧岸边的实例。

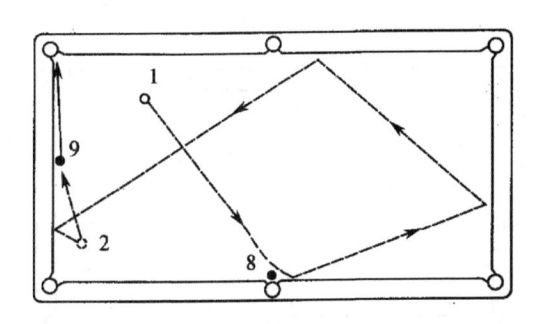

图250 美式9球击打中袋袋口球大回环走位实例

3.图251为瑞典的斯托姆经过一杆防守后,一杆清台的实例。

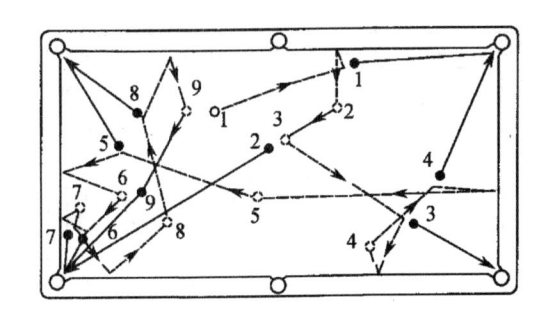

图251 美式9球一杆清台实例

4. 图 252 是用主球薄击贴边球,使目标球弹离岸边,并将主球走位到另一障碍球的后面,给对方制造了一个障碍球的实例。

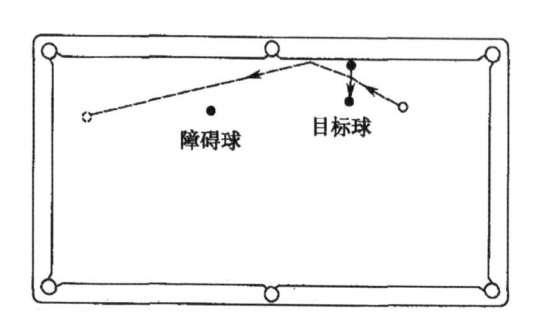

图 252　美式 9 球薄击贴边球制造障碍实例

5. 图 253 为主球击打第一目标球入角袋,主球吃两库后走位到另一短岸附近,以便击打第二目标球的走位实例。

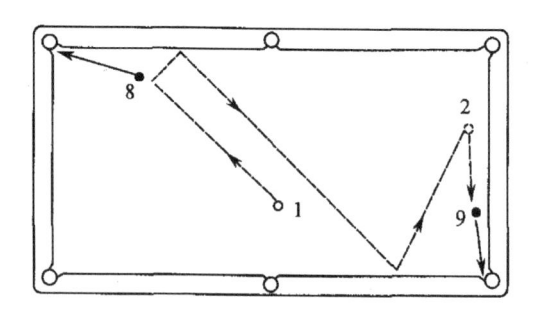

图 253　美式 9 球精彩走位实例

6. 图 254 为史蒂夫·戴维斯一杆清台实例,开杆后 1 号球和 5 号球落袋,紧接着一杆将台上的彩球全部收清。

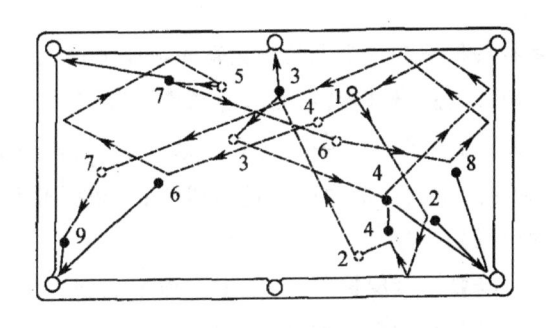

图 254　戴维斯美式 9 球一杆清台实例

7. 图 255 为主球间接击打 9 号球入袋精彩实例。主球碰撞 7 号球后,前进路线成为一条弧线,最后薄击 9 号球入袋。

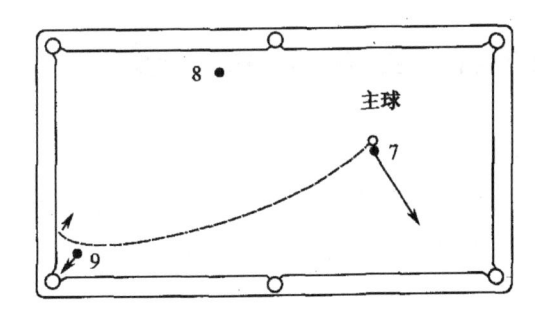

图 255　美式 9 球间接击打 9 号球入袋实例

二十五、要学会选择进攻与防守

初学者容易犯的一个毛病是只知一味地进攻。每次击球时,不管目标球在何处以及台面上的球势如何、击球入袋成功率有多少,总想把球打入袋中,这种做法的后果,就是不但未进球,还给对方造成一个很好的进球机会,以致因此而失分,最后导致全局的失败。

一名有经验的台球选手,会根据台面上的情况作出该次击球是进攻还是防守的正确选择。如果进攻的成功率不大,宁可进行防守,即使进攻,也要考虑球打不进时,也不给对方留下进球得分的机会,即所谓攻中带守。有时防守性的一击,常常是更容易得分的手段,由于给对方制造了困难,也就容易使自己得到好的机会。

二十六、影响全局胜负的重要因素

1. 充分的自信心

自信心是取胜的必要条件,如果没有足够的自信心,将影响击打技术的发挥。有的台球高手曾经说过,如果你没有自信心,你就已经输掉了一半。

2. 清醒灵活的头脑

在台球比赛过程中,要保持清醒的头脑,灵活应付台上的各种形势。例如,对于对手击球犯规,裁判员已经宣布他是无意识救球,而且下一步的球还很难打,你就应让对方继续击打,否则有可能你还会因犯规而被罚分,甚至给对方留下取胜的机会。

3.中长距离的准确击打技术

在相持阶段,仅仅依靠对方失误而取得打破僵局的机会不是很多,有时需要精确的中长距离的击球,去给自己争得机会。

4.精确的走位技术

要想取得一局的胜利,必须能够创造连续得分的机会,这就需要精确的走位技术,使主球经常处于易于击打的地位。

5.恰当的防守与进攻

攻与防都是得分的手段,该攻则攻,该防则防,只攻不防,将会给对方留下良好的机会,一味地进行防守,有了机会也不抓住,也将把机会留给对方。

6.良好的收盘技术

台球的收盘技术,类似于围棋中的官子技术。当双方的比分相当时,主要就看后面谁能多得几分,这时就要有过硬的收盘技术,一鼓作气地将最后的几个球收净。

二十七、比赛注意事项

比赛前几天要休息好,保证比赛时有饱满的精力,比赛时要提前到场,使自己有足够的时间安定下来。集中精力打好每一杆球,击球时不要三心二意或有过多的想法。要携带常用的球杆及修理工具,不要临时换用新球杆。当你要击球时,发现自己还没有拿定主意,要重新站起来,这时可以利用给球杆上巧克粉的同时进行思考,直到你的意图清晰之后,才可再俯身击球。

永远要有一个好的台风,以正确精神来进行比赛,专业球手要保持高标准的运动道德。当对手在台上击球时要保持安静,不要站在瞄准的袋口附近,或者能分散对方注意力的地方。自己击球失误时不要大声叫嚷。

当对手在球台上击球时,你的眼睛应该永远不要离开主球,也不要在击球间隙与旁观者过多地谈话。

二十八、如何提高你的球技

下面几点意见供读者参考:

1.向前人经验学习。学习台球书籍中介绍的前人经验,并请台球高手进行指导。一味地自己钻研,事倍功半,还可能走到弯路上去。

2.多打比赛,以便增加临场经验。要经常与高手过招,这样便于找出差距,总结提高。

3.加强心理素质训练,练习好基本功及中长距离直线击球技术,只有具有过硬的技术,才能有过硬的心理素质。

4.不要过分关心比赛分数和胜负,专心致志地打好每一个球。世界大师在关键的决胜局中,经常出现不应有的失误,就是因为过多地考虑了胜负所致。

5.敢想敢干,勇于实践,只有做了以后才能知道是否可行。笔者练习左手击球,开始时信心不大,没想到很快基本掌握了击球技巧,甚至接近了右手水平。

6.技术源于功夫,只有勤学苦练,才能出真功夫。笔者以前中袋球打不好,后来,在平常打球中,即使是小角度的角袋球,也当做中袋球往中袋打,经过一段时间,找到了击打中袋球的感觉,各种角度的中袋球成功率有了很大提高。

台球规则简介

一、英式斯诺克台球

斯诺克台球比赛共有15只红色球,其他颜色球6只及白色主球1只,共22只。红色球通常称为红球,6只其他颜色球通常称为色球或彩球。所有的球都须使用白色主球击打入袋。

斯诺克球台附设有专用的记分牌。击打红色球时无须指定哪个红色球。每打入1只红色球,得到1分,允许同时多个红色球入袋,同时打入2只红色球得2分,3只则为3分,以此类推。击打彩球时须指定某个彩球,只有指定的彩球入袋方能得分。6个不同颜色的球分值不同,黄色球为2分,绿色球为3分,棕色球为4分,蓝色球为5分,粉红色球为6分,黑色球为7分。

通常决定胜负的方法是打完一局后分数多者为胜。虽未打完一局,但一方即使采用制造障碍而得分,再加上打完全部台面上的球,也已无法再超过另一方时,也可以结束该局。

比赛前先把22只球按规定的位置放好,使用三角形量器将15只红色球放在前台的定球区处,从定球区的底线上摆起,分为五排,成为等边三角形,三角形顶点的红色球应尽量接近粉色球,但不得相贴。15只红色球要互相紧贴,底线中点的红色球要正对后面的黑色球。黑色球放在三角体的后面的定位区,粉红色球放在三角体的前端的定位区。把开球区的 D 形的直线分为三等份,三个点上从右到左,分别放上黄色球、棕色球、绿色球。蓝色球放在棕色球与粉红色球的连线的中点上的定位区。参见图 256。

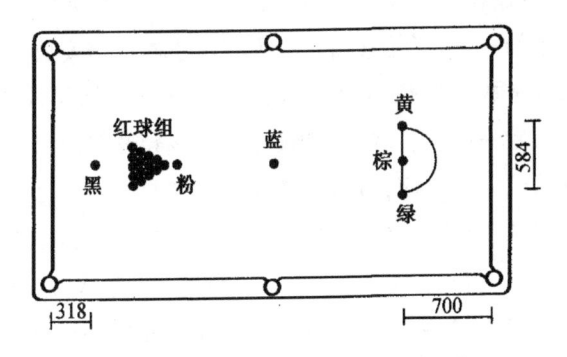

图 256 英式斯诺克台球摆放位置图

开球时,主球可放在开球区 D 字形区域内的直线上任何一点,开球时用主球撞击红色球组成的三角体。比赛开始前,双方采用猜先或其他认可的方式决定开球权。在一盘比赛中,采取轮流开球法,即这一局由甲方开球,下一局由乙方开球。

开球后如有红色球入袋,可继续击打,每次击打一个红色球入袋后,可以选择击打彩球中的一个。如果将彩球击入袋中,可继续击打下一个红色球,如果红色球入袋,可再选择下一个彩球,直到有一只球没有被打进袋,便由对方按同样方式接着打。

每次打入袋中的红色球不必取出,击出台外的红色球也应放在袋中。而在台面上有红色球时,彩球落袋或出台时,则必须将其放回开球时的位置。如果原来位置被别的球所占据,无法放回时,应放在分值最高的彩球空出的位置,如没有空位时,应放在紧邻原来的位置,并应位于台面纵向轴线上,朝向顶岸的一侧,不得紧贴。如果有两个彩球需要放置时,应将彩球尽量放回原位,如果原位均被占用,则优先放置高分球。当最后一组红色球和彩球进袋后,该彩球取出以后,这时要按彩球的分数次序,由低到高顺序击打彩球入袋,此时打入袋中的彩球不再取出(不是按照顺序打入袋中的彩球为犯规,必须取出)。即先打黄色球,再打绿色球、棕色球、蓝色球、粉红色球,最后为黑色球。若球没有被打入袋中,则由对方接着打。

当台面上仅剩下一只黑色球,而且双方的比分差距大于黑色球分值时,此局比赛就宣告结束。如果双方比分相差在7分以内,双方在争黑色球时有一方犯规,此局比赛也就宣告结束。当最后一只打进后,双方的比分相等,应加赛一只黑色球(即黑色球放回原位,主球放在 D 形区内)然后采用硬币抽签来决定谁先击球。

当一个球并未受到碰撞,只是由于振动原因而落袋,应由裁判员将球取出放回原处。

假如裁判员或者非击球球员干扰了一个静止的或者移动的球,应由裁判员将该球放回原位或者可能的最后位置。

虽然对于球杆的长度没有上限,但球杆的长度不应小于91厘米,而且外表与传统的形状没有明显的差异。

出现主球落袋或飞出球台的情形,或者由于犯规造成死球和死角球时,裁判员可将主球判给对方选手,主球应放在D形区内任何一点,由对方接着击打。除了上述情形以外,主球随着它每次击打经过滚动后,在静止下来的地方进行下一次击打,不得随意移动。

击球的球员有权随时要求裁判员对台面上有污的球进行清洁,以保证击打的准确性。

当主球与另一个球相贴时,裁判员应该宣布贴球。当相贴的球为活球时,球员可以不触动相贴的活球,仅仅将主球推开,不算犯规。击打主球时不得形成推杆,否则犯规。如果相贴的球不是活球,主球击出后,该相贴的球不得移动,否则犯规。

当甲方遇到障碍球,如果击打后未能碰到目标球,裁判员判为无意识救球时,除去罚分外,这时乙方球员可以有下列三种选择:

1.击打主球。

2.请求对手继续打。

3.请求裁判员将主球放回原来位置,由于碰撞造成其他球移动时,也要尽量恢复到原来位置,然后让对手再从该处击打主球(击球双方均可对恢复原来位置是否正确提出异议,由裁判员作出最后决定）。

作出选择后，一经提出就不准收回。以上情况可重复多次。这个规则是用来防止球员故意地解救失败，以便他能够回到安全的处境。因为在击打过程中可能留给对手以良好的机会，这将导致对手有可能获得可观的高分，而犯规的罚分与之相比是微不足道的。如果甲方击打的角度已经比较精确，而且力度也已打到了到达目标球的距离时，不应判为无意识救球。

当一方球员犯规，将主球做成障碍球或死角球，另一方球员认为对自己不利时，可以要求犯规一方继续打，也可以自己选定任何一个球作为自由球来打。如果把所指定的自由球击入球袋，只记原来目标球的分值；如果把所指定的自由球和活球同时击入袋中，只记活球的分值；当把彩球作为自由球击入袋中时，记下活球分值；再把彩球放回置球点。

如果一名球员在一次或多次击球耗时过多，裁判员有权警告该球员，如果耗时行为仍然继续的话，将被取消比赛资格，并且丧失本局所有得分。对方球员的其他局次得分有效，并获得本局台面上剩球的分值总和。

出现以下情形时为犯规：

犯规与彩球有关时，按该彩球的分值罚分，但不低于4分。凡无明确规定者均罚4分，一方失误的罚分均作为对方的得分。如果同时发生多种犯规行为，应该按其罚分最高的分值处罚。

1.主球击打红色球时，没有碰到任何红色球。

台球规则简介

2. 主球击打红色球时,首先碰到某个彩球。

3. 主球击打红色球时,同时也将彩球碰入袋中。

4. 主球击打红色球时,主球落入袋中或飞出球台。

5. 主球击打红色球时,误将彩球碰入袋中。

6. 主球击打红色球或彩球时,任何球飞出球台(如有两个以上球出界,以分值最高的一个球罚分)。

7. 主球击打彩球时,将非指定彩球间接碰入袋中。

8. 主球击打彩球时,没有碰到指定彩球。

9. 主球击打彩球时,却首先碰到非指定彩球。

10. 主球击打彩球时,主球落入袋中或飞出球台。

11. 击球的前后,用身体、衣服或任何其他物体触碰球台上面的任何一只球。

12. 在击球时,双脚离地。

13. 在台面上有的球还未停稳时,即开始击球。

14. 击球时杆头触击主球一次以上。

15. 击球时推杆。

16. 击球成空杆。

17. 开手中球时,主球未放入开球区。

18. 击成跳球,即主球击出后,跳离台面,越过目标球或障碍球,或者碰到两者的上半部。

19. 主球同时撞击两个球(两个球都为红色球或者一个红色球和一个自由球时除外)。

20. 在击打自由球时,将主球留在指定球的后面给对方制造障碍球(当只剩下粉色球和黑色球时可以例外),对手将获得一个自由球。

21.放回彩球时发生错误或未及时放回彩球时(击球球员有责任监督其正确性)。

22.使用非球杆尖端击球或触球。

23.未按击球顺序击球。

24.以下犯规均罚7分：

(1)击红色球入袋后，尚未指定球就犯规了。

(2)使用台内的球以达到一定目的。

(3)连续击打红色球或者连续击打彩球。

(4)不使用主球，而使用其他任何一个球做主球。

(5)当选手击打彩球时，如果有两个以上的彩球比较接近，即击打哪个彩球不太明显时，选手未明确叫出要击打的相应彩球时。

(6)使用任何物体进行测量或做记号。

注：上述第12、13、14、15、16、17、18、22条犯规时，以准备击打的目标球分值罚分，但不低于4分。一方犯规后，除接受处罚外，对方有权要求其继续击球。

二、美式9球台球

美式9球台球比赛共有9只彩球和一只白色主球，彩球编号从1～9号，使用菱形量器将9只彩球组合成一个菱形放在前台，9只球要紧贴。此菱形前端位于前半台的中心处，如图257所示。9号球位于菱形的中心，1号球位于菱形的前端,其余编号的球可随意放置。

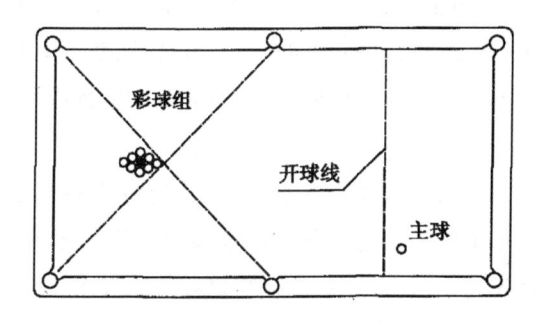

图 257　美式 9 球台球摆放位置图

开球猜先时,开出的球不得碰撞左右岸边,或者超越球台的纵向中心线,不可未到顶岸,不得打进球袋中,不得深入袋口球体超过岸边。出现以上情形均丧失选择权。

开球时可将主球放在开球区直线上的任何一点,使用球杆击打主球,使之撞击 9 只球组成的菱形前端的 1 号球,开球后使至少 4 只球碰到台边或有彩球落袋,开球即为有效。开球无效时,由对方开球。开球后有球落袋可继续击球,不过必须按照球的编号,从低到高顺序击球,例如开球后有 3 号球入袋,则应依法击打 1、2、4、5、6、7、8、最后击打 9 号球入袋。如果开球时将 9 号球击入任一袋中,开球方即获胜。这种一杆定胜负的球,称为黄金球。赢得一局的选手,获得下一局比赛时的开球权。开球球员有权要求裁判员将彩球组位置放置正确,球间不能有缝隙,以免影响主球走位和进球。

开球后如果出现无法直接击打主球去碰撞应该打的球的情形时,可使用推杆一次,即将主球击打一下,允许碰撞或不碰撞任何一个球,也可不碰撞岸边。推杆后,对手有权选择接着击打或不打。采用推杆时,应该事先告知裁判或对方,否则犯规。

如果一次没有把球击入袋中,应由对方来击打。每次击入袋中的球不取出。每次虽然必须按照顺序编号来击球,只要主球首先碰到应打的球,虽未将该球打入袋中,但间接地将其他的球碰落袋中,亦为有效,可继续击打。每次打入袋中的球均不计分,先将9号球打入袋中者为胜。采用间接打法将9号球打入袋中,亦为有效。

任何失误把彩球击落袋中或者打出台外,彩球一律不再放回台面,9号球除外。任何球跳离台面,又自然地滚回台面不算犯规。

出现以下情形时为犯规:

1.击球时,主球未首先碰到应该击打的球。

2.击球时,主球落袋或飞出球台。

3.击球时,球台上任何一球飞出球台。

4.击球前后,身体、衣服或任何其他物体触碰球台上面的任何一只球时。

5.击球时,双脚离地。

6.在球未停稳时,即开始击球。

7.击球时,目标球未入袋,又无任何球碰到岸边(开球后推杆时除外)。

8.击打跳球时,球杆头部撞击了主球的下半部。

注:如果没有第7条,就可用主球轻击目标球来制造障碍球,这将使得制造障碍球过于容易,使落后的一方占尽便宜。

被判犯规时,由对方将主球放在任意的地方进行击球。犯规时打入的目标球不再取出,但犯规时或推杆打入的9号球必须取出,并置于开球时置球点。如果有球占位,要把9号球放在置球点与顶岸的垂直线上靠近置球点的位置。

一方连续三次犯规时,对手将赢得此局。连续犯规两次时,裁判应该提出警告,否则仍算做两次。

必须严格按顺序击打相应号码的球,不按顺序击打目标球时,则该局为负。

当目标球与岸边相距一球之内时,只允许选手以轻微并合法的击球方式击球两次,如果出现第三次时,则前罪并罚,该局负。

每次击球限时1分钟,超时算犯规。裁判在45秒时要警告选手,如果第二次超时,则为故意犯规。

选手不得以任何东西在台面上做记号,不得以各种测量工具判断球与球之间的距离,否则为故意犯规。

一次故意犯规判该局负。两次故意犯规,取消比赛资格。

主办单位可以附加规则。例如,关于比赛的局数,限制击球时间等。

除9号球的特殊规定外,斯诺克台球犯规条款也适用。

三、美式 8 球台球

美式 8 球台球比赛共有 15 只彩球和一只白色主球,彩球编号从 1 号到 15 号。除 8 号球为黑色外,其余球分为两组,1~7 号的低号组为全色球,9~15 号的高号组为间色球。

这是两人或两组进行的游戏,很适合初学者。

首先使用三角量器将 15 只编号球固定在定球区,形成等边三角形。第一排的一只球放于置球点,8 号球放在三角形的前端第三排中心处,如图 258 所示,其余彩球间隔随意放置。15 只彩球必须互相紧贴。

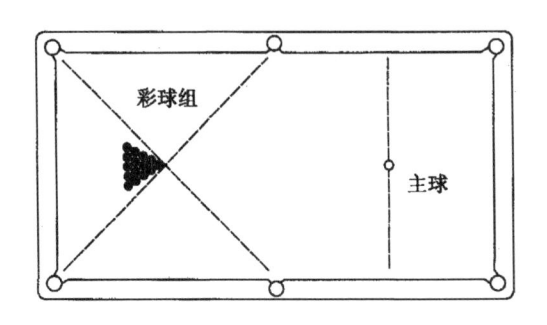

图 258　美式 8 球比赛彩球摆放位置图

下面列出的是比较常见的无顺序的比赛规则。

开球猜先时,开出的球未触顶岸岸边或者落袋均为犯规,丧失选择权。如果双方击出的球距岸边的距离相同,或者双方犯规,可重新开球猜先。在多局比赛中,比赛组委会可规定双方轮流开球或胜方开球。

甲乙双方不事先商定谁打哪组球。

开球时可将主球放在开球区直线的任何一点上,使用球杆击打主球,使之撞击15个球组成的三角形前端,开球后必须有4个(包括主球)以上的球碰到台边或至少有一个彩球落袋,方为有效,否则犯规。甲方开球时犯规,则乙方有下列选择:

1.由乙方重新开球。

2.由甲方继续重新开球。

3.由乙方击球,可在开球线后任意放置主球,只允许击打开球线与顶岸之间的目标球。

开球后如有球入袋,无论几个均为有效,可继续击球。开球时如果有球入袋,不论落袋的球是什么组别,开球球员有权进行选择击打哪一组球,如果开球球员选择了不同于已经落袋的球,而又没有打进,对方仍有权选择组别。选择组别可以将8号球以外的任何球击入袋中,以首先击入的球的组别,作为该局以后的击球依据,如果击打某组彩球间接地使另外一组的彩球入袋,组别并未选定。虽然击球入袋,但犯规,则对方仍有选择权。如甲首先将全色球击入袋中,甲以后要击打其余的全色球,而乙将击打间色球,按次序每名球员只能打一次,但有效入球时可连打。在将目标球打入的同时,连带把其他球(8号球除外)打入袋中也有效。允许打吻球、间接借力球。谁首先把本组的球全部击入袋中后,谁才可击打8号球,先把8号球击入指定袋中者为胜。

当主球与本方目标球相贴时,可以击打主球使目标球移动,出杆角度没有限制,如果反向击打主球,该目标球没有移动,不算做碰撞了目标球。

出现以下情形时为犯规:

1. 开球时,将主球、8号球或其他球击出台面或落袋。

2. 主球击出后,未首先碰到本组球。

3. 击球时,主球落袋或飞出球台。

4. 击球时,球台上任何一球飞出球台。

5. 在击球时,双脚离地。

6. 击球前后,身体、衣服或任何其他物体触碰球台上面的任何一只球时。

7. 在球未停稳时,即开始击球。

8. 一次击球时,球杆两次碰撞主球。

9. 本组球未击完,主球首先碰到8号球。

10. 击打跳球时,球杆头部撞击了主球的下半部。

11. 击球时,目标球未入袋,又无任何球碰到岸边(如果没有此条,就可用主球轻击目标球来制造障碍球,这将使得制造障碍球过于容易,使落后的一方占尽便宜)。

犯规时(开球犯规按前述规定),均判罚任意球,即由对方将主球放在台面上任何位置进行击打。犯规击出台面或落袋的球就不再摆上台面。

裁判有义务在一方连续两次犯规时,对其提出警告,两次犯规后有合法进球时,前两次犯规记录将被取消。

以下情况为输局：

1. 使 8 号球出台或过早落袋(开球除外,需要重新开球)。

2. 在一次犯规击球中,使 8 号球落袋。

3. 击打 8 号球时,主球落袋或出台。

4. 击打 8 号球落入指定袋中时犯规。

5. 使 8 号球落入非指定的袋中。

6. 击打本组最后一个彩球时,附带地将 8 号球也碰入袋中。

7. 连续三次犯规。